DIREITO E DESPORTO

ESTUDOS FISCAIS E DE GESTÃO

DIREITO E DESPORTO

ESTUDOS FISCAIS E DE GESTÃO

Coordenação: *Glória Teixeira*

Autores:

João Paulo Guimarães
José Pedro Sarmento R. Lopes
Maria Luísa Sacadura
Maria José Carvalho
Neusa Liquito

ALMEDINA

DIREITO E DESPORTO
ESTUDOS FISCAIS E DE GESTÃO

AUTORES
VÁRIOS

COORDENAÇÃO
GLÓRIA TEIXEIRA

EDITOR
EDIÇÕES ALMEDINA. SA
Avenida Fernão de Magalhães, n.º 584, 5.º Andar
3000-174 Coimbra
Tel.: 239 851 904
Fax: 239 851 901
www.almedina.net
editora@almedina.net

PRÉ-IMPRESSÃO • IMPRESSÃO • ACABAMENTO
G.C. – GRÁFICA DE COIMBRA, LDA.
Palheira – Assafarge
3001-453 Coimbra
producao@graficadecoimbra.pt

Setembro, 2007

DEPÓSITO LEGAL
263505/07

Os dados e opiniões inseridos na presente publicação
são da exclusiva responsabilidade do(s) seu(s) autores.

Toda a reprodução desta obra, por fotocópia ou outro qualquer processo,
sem prévia autorização escrita do Editor,
é ilícita e passível de procedimento judicial contra o infractor.

NOTA DE ABERTURA

Esta obra é mais um trabalho de equipa do CIJE, de carácter multidisciplinar, em torno da temática 'Direito e Desporto'.

Os textos aqui reproduzidos foram apresentados oralmente em conferência organizada na Faculdade de Direito da UP (FDUP), com o patrocínio da Reitoria e do Instituto de Desporto de Portugal. A estas instituições que nos apoiaram, o nosso reconhecimento e apreço bem como à larga audiência que teve oportunidade em Abril de 2007 de nos escutar e trocar experiências.

Este evento teve como principal objectivo a apresentação à comunidade científica e profissional dos trabalhos de investigação em curso no CIJE e na FDUP na área do desporto, nas suas vertentes fiscal e de gestão desportiva.

Pela vocação intrínseca do CIJE, dirigido essencialmente para as ciências jurídico-económicas, a obra reúne vários artigos de fiscalidade, fruto de projectos de doutoramento em curso, e outros especificamente seleccionados para a conferência.

A todos os investigadores que trabalharam directamente neste projecto, o meu sincero agradecimento pelo alto nível dos trabalhos produzidos, ciente que o público acolherá com grande interesse e atenção os temas versados nesta obra.

Finalmente, à FCT endereçamos a nossa gratidão pelo apoio que ao longo dos anos tem prestado ao CIJE.

Porto, 8 de Agosto de 2007.

A Coordenadora,
Glória Teixeira

FISCALIDADE DO DESPORTO[1]

GLÓRIA TEIXEIRA

*Prof.ª Associada,
Faculdade de Direito da UP,
Coordenadora do CIJE*

Introdução

A breve apresentação do tema 'Fiscalidade e Desporto' aqui exposta baseia-se fundamentalmente na Lei n.º 5/2007 de 16 de Janeiro e correspondente legislação fiscal que regula o sector desportivo.

Trata-se de uma área 'jovem' da fiscalidade, não obstante as atenções que Salazar dedicou à prática desportiva.[2] Desde então, a legislação em vigor tem mantido um cariz 'nacionalista', rígido e 'disciplinador', ao arrepio da nossa tradição desportiva internacional, excelente e competitiva, como aparece demonstrado nas actuações dos nossos desportistas em competições internacionais. De facto, é ainda notório, chocante ao nível internacional, o peso e intervenção do Estado em sede de 'promoção', 'desenvolvimento' e 'apoios' concedidos ao sector do desporto, em flagrante contraste com outros sectores, nomeadamente o das artes, novas tecnologias, etc. Vejam-se, entre outros exemplos, os artigos 4.º (*Princípios da coesão e da continuidade territorial*), 5.º (*Princípios da coordenação, da descentralização e da colaboração*) da Lei de Bases de 2007 e ainda o seu

---

[1] Este trabalho de investigação foi apresentado publicamente em conferência realizada na Faculdade de Direito da UP, sob a coordenação e apoio do CIJE, subordinada ao tema 'Direito e Desporto'.

[2] Para um perspectiva histórica e desenvolvida do tema 'Fiscalidade no Desporto', ver Luísa Sacadura, *Fiscalidade no Desporto*, ERASMOS, 1996.

capítulo II dedicado às 'Políticas Públicas'. Constata-se neste clausulado um discurso jurídico formalista, burocrático, rígido e destituído, na sua maioria, de qualquer interesse prático.

Em resultado desta 'atitude paternalista' e exageradamente protectora, surgem deficiências graves ao nível do controlo da violência dentro e fora dos espaços desportivos, agravadas pelo 'tempo de antena' dedicado pelos jornais e televisões ao fenómeno desportivo, sendo paradigma a apontar o caso do futebol na sociedade portuguesa.

As formas jurídicas[3]

A Lei de Bases de 2007 elenca as seguintes formas jurídicas de organização do desporto:

a. as federações desportivas (art. 14.º): unidesportivas ou multidesportivas;
b. os clubes desportivos;
c. as sociedades desportivas e
d. as associações promotoras do desporto.

As formas jurídicas adoptadas são de tipo associativo, sem fins lucrativos, nos casos das federações desportivas, clubes desportivos e associações promotoras do desporto, e de tipo societário, no caso das sociedades desportivas.

Esta distinção de formas e respectiva prossecução ou não prossecução de fins lucrativos é particularmente relevante em sede de direito fiscal, impondo consequências jurídico-fiscais distintas em função da forma jurídica adoptada pelo sujeito passivo bem como a aplicação de isenções fiscais ou atribuição de benefícios fiscais a entidades não lucrativas ou entidades às quais tenha sido atribuído o estatuto de utilidade pública desportiva (art. 19.º).[4]

---

[3] Sobre a importância da adopção de uma determinada forma jurídica e respectivas consequências jurídico-fiscais, ver acórdão do STA de 2 de Novembro de 2006 (*Fazenda Pública vs. Artur Jorge Gomes Amorim*).

[4] Ver neste contexto, Glória Teixeira, *As Organizações Não-Governamentais: Algumas Considerações Jurídico-Fiscais*, Estudos em Comemoração dos Cinco Anos (1995-2000) da FDUP, Coimbra Editora, 2001.

Ao nível individual, a Lei de Bases de 2007 indica a figura dos 'Agentes Desportivos', onde se incluem:

a. o praticante desportivo (em regime de exclusividade ou profissão principal);
b. o/a técnico(a) desportivo;
c. o dirigente desportivo;
d. o empresário desportivo e
e. o voluntário desportivo.

Também ao nível individual, e dependendo da forma jurídica e respectivo exercício da actividade (e.g. a título principal ou acessório, a título profissional, amador ou voluntário) diferentes consequências fiscais advêm para o sujeito passivo, sendo ainda de aplicar diferentes regimes de segurança social, nomeadamente o regime geral da segurança social ou o regime especial alicerçado nos conceitos de 'profissão de desgaste rápido' e de 'alto rendimento'[5-6].

Os regimes fiscais: alguns esclarecimentos e as necessárias alterações decorrentes da Lei de Bases de 2007

À semelhança de outros ramos do Direito Fiscal em Especial, também no Direito Fiscal do Desporto encontramos uma dispersão legislativa, necessária e inevitável mas certamente contrária aos valores da segurança e certeza jurídica, valores elevados a expoente máximo no caso particular do Direito Fiscal.

O nível de complexidade aumenta quando entramos na esfera internacional, com a aplicação de disposições internas de carácter internacional ou tratados sobre dupla tributação internacional.

---

[5] O conceito de 'Alto rendimento' vem definido no art.º 44.º da Lei de Bases de 2007: "Considera-se desporto de alto rendimento, para efeitos do disposto na presente lei, prática desportiva que visa a obtenção de resultados de excelência, aferidos em função dos padrões desportivos internacionais, sendo objecto de medidas de apoio específicas".

[6] A Lei de Bases institui também a figura do 'sistema de seguro obrigatório', o qual tem o objectivo de cobrir os particulares riscos a que estão sujeitos os praticantes profissionais ou de alto rendimento.

O especialista ou profissional, quando confrontado com assuntos de Direito Fiscal Desportivo, tem de lançar mão dos seguintes instrumentos legislativos:

a. Códigos dos Impostos sobre o Rendimento (CIRS e CIRC);
b. Código do IVA (CIVA);
c. Código do Imposto de Selo (CIS);
d. Estatuto dos Benefícios Fiscais (EBF);
e. Tratados sobre Dupla Tributação Internacional (TDT) e
f. Legislação fiscal avulsa (LFA).

A Lei de Bases de 2007 vem exigir a actualização de alguns preceitos dos Códigos dos Impostos sobre o Rendimento, nomeadamente os artigos 12.º n.º 5 (*Delimitação negativa de incidência*) e 27.º do CIRS (*Profissões de desgaste rápido: deduções*).

Assim, e desde logo, os referidos preceitos terão de ser alterados, substituindo-se, no caso do artigo 12.º n.º 5, o conceito de 'alta competição' pelo conceito de 'alto rendimento', acrescentando-se, no caso do art. 27.º, a situação do 'desporto de alto rendimento', que importa autonomizar face à situação das 'profissões de desgaste rápido'.

De um ponto de vista substantivo, a Lei de Bases de 2007 vem alargar o âmbito da delimitação negativa de incidência subjectiva, também estipulado no art. 12 n.º 5 CIRS, abrangendo-se agora nos casos de prémios[7] atribuídos aos praticantes de 'alta competição', leia-se agora: praticantes de 'alto rendimento', não apenas os treinadores mas também os técnicos e árbitros.

Enunciadas sumariamente as possíveis e necessárias alterações decorrentes da Lei de Bases de 2007 ao nível de direito fiscal, importará referir sucintamente os diferentes regimes fiscais em vigor no sistema fiscal português.

Deste modo, o desportista pode exercer a sua actividade como trabalhador dependente, qualificando na categoria A do CIRS, ou traba-

---

[7] Para a precisão do conceito de prémio, ver Luísa Sacadura, *Fiscalidade no Desporto*, ERASMOS, 1996. Inclui assim a autora no conceito de prémio: os prémios atribuídos pelo Estado, prémios atribuídos em provas de Jogos Olímpicos, Campeonatos do Mundo e da Europa ou campeonatos universitários e ainda os prémios atribuídos aos praticantes de alto rendimento, técnicos e árbitros.

lhador independente, inserindo-se na categoria B do referido código. O enquadramento numa ou noutra categoria terá consequências não só ao nível do cumprimento de obrigações fiscais acessórias (e.g. retenções na fonte vs. pagamentos por conta, contabilidade organizada ou simplificada) como poderá atrair outros impostos no caso dos trabalhadores independentes (e.g. IVA).[8]

Para além da figura do praticante desportista, e conforme em acima elencado, aparecem outras entidades, nomeadamente o empresário desportista que poderá actuar a título individual em inserido em estrutura societária.

A sua tributação é relevante não só ao nível nacional mas também internacional, no âmbito dos tratados sobre dupla tributação internacional. Existe uma preocupação, bem reflectida nestes tratados, de tributar as comissões derivadas de contratos de intermediação.[9] Note-se, e a título sumário, que os tratados, baseados na Convenção Modelo da OCDE, no seu artigo 17.º (*Artistas e desportistas*) estabelecem uma derrogação às regras gerais de tributação internacional, nomeadamente aos seus artigos 5.º, 7.º e 15.º. Deste modo, e apesar de ao abrigo do artigo 5.º (*Estabelecimento estável ou permanente*) dos tratados os agentes independentes e comissionistas estarem excluídos de tributação no país da fonte, estas entidades passam todavia a ser tributadas também no país da fonte, no âmbito de aplicabilidade do artigo 17.º n.º 2 desses tratados. Na ausência de tratado, os mesmos agentes ou comissionistas não são tributados no país da fonte (ver artigos 5.º n.º 7 e 88.º n.º 1 al. *f*) do CIRC). Temos

---

[8] A actividade desportiva pode ainda ser exercida a título principal ou acessório, com a aplicação de regimes fiscais distintos.

[9] Igual preocupação foi recentemente demonstrada pelo Parlamento Europeu que pede "maior transparência nas transacções dos agentes dos jogadores". Os eurodeputados exortam a Comissão a apoiar os esforços da UEFA no sentido de regulamentar a actividade dos agentes dos jogadores, se necessário, mediante a apresentação de uma proposta de directiva que deveria contemplar regras estritas e critérios de exame prévio ao exercício da actividade de agente de profissionais de futebol, a transparência nas transacções dos agentes, normas mínimas harmonizadas aplicáveis aos contratos dos agentes, um eficaz sistema fiscalizador e disciplinar a cargo dos órgãos dirigentes do futebol europeu, a introdução de um "sistema de licenciamento dos agentes" e de um registo dos agentes e o fim da "dupla representação" e dos pagamentos efectuados pelos jogadores aos agentes.

aqui uma situação,[10] e contrariamente aos objectivos dos tratados sobre dupla tributação, em que a ausência de normas internacionais acaba por beneficiar os empresários desportivos que actuam ao nível internacional.

Feita esta breve incursão no direito fiscal internacional do desporto, importa indicar sumariamente alguns regimes, disposições ou conceitos fiscais especiais, nomeadamente

a. o regime fiscal das sociedades desportivas[11]: Decreto-Lei n.º 67//97 actualizado sucessivamente, conforme informação disponibilizada no sítio do Instituto do Desporto de Portugal (www.idesporto.pt), remetendo o leitor para os artigos 23.º a 25.º do referido diploma;

b. os conceitos de 'utilidade pública desportiva' e 'sem fins lucrativos': para o esclarecimento do conceito de 'utilidade pública desportiva' remete-se, mais uma vez, o leitor para o sítio do Instituto do Desporto de Portugal, 'Legislação Desportiva', onde poderá encontrar os diplomas reguladores relevantes; relativamente ao conceito 'sem fins lucrativos', e sumariamente, recorde-se a noção de lucro tributável (art. 17.º do CIRC), em conjugação com a noção de organismos sem finalidade lucrativa (art. 10.º do CIVA);

c. os benefícios fiscais estabelecidos, especialmente no CIRC (art. 11.º *'Actividades culturais, recreativas e desportivas'*), CIVA (art. 9.º n.º 9 *'Isenções'*), Código do Imposto de Selo (artigos 6.º al. *c*) *'Isenções subjectivas'* e 7.º n.º 1 al. *p*) *'Outras isenções'*) e Estatuto dos Benefícios Fiscais (artigos 40.º n.º 1 al. *e*) *'Isenções'*, em sede de IMI, 52.º *'Colectividades desportivas, de cultura e recreio'*, 56.º-D números 3 al. *c*) e 6 alíneas *d*), *e*) e *f*) *'Dedução para efeitos de determinação do lucro tributável das empresas'* e 56.º-E *'Deduções à colecta de IRS'*).

---

[10] Nestas situações, o rendimento não é pago directamente ao desportista não residente (estas situações estão contempladas no artigo 71 n.º 2 al. *c*) do CIRS) mas sim indirectamente através de comissionistas ou agentes independentes.

Saliente-se ainda que, ao nível internacional, é igualmente relevante a qualificação jurídico-económica do rendimento, dadas as categorias de rendimento estarem sujeitas a diferentes taxas de retenção na fonte, tanto nas leis internas como nas disposições dos tratados sobre dupla tributação (e.g. os rendimentos podem ser 'remunerações', 'royalties', 'indemnizações', etc.).

Em sede geral e de imputação temporal do rendimento, relevante em situações de trabalho laboral intensivo e continuado, como é também o caso do desporto, é de notar os critérios estabelecidos no art. 18.º n.º 3 al. *b)* do CIRC (*Periodização do lucro tributável*), aplicável também a sujeitos passivos singulares por força da remissão prevista no art. 32.º do CIRS, e as taxas especiais de retenção na fonte relativas a remunerações não fixas do trabalho dependente.

Ao nível da atribuição de indemnizações, subsídios e bolsas, em sede de direito comparado, via de regra, não são tributados, se documentalmente provados e justificados.[12]

As situações de fraude fiscal no desporto têm sido também objecto de urgente atenção tanto ao nível nacional como internacional. Intensificam-se os esforços inspectivos e a troca de informações ao nível internacional, criando-se bases de dados europeias e internacionais, com o objectivo de descobrir 'indícios fraudulentos', nomeadamente a criação de 'empresas em cascata', a utilização de pseudónimos nos contratos, a utilização de números de segurança social falsos, a constante alteração da residência do sujeito passivo, etc.[13] Paralelamente a este esforço de investigação, solicita-se de um modo crescente a colaboração da sociedade civil na descoberta da verdade material fiscal, através dos jornais, periódicos e meios de comunicação social, implementando-se, por exemplo, a obrigatoriedade de publicação em jornais ou periódicos da especialidade dos prémios atribuídos e respectivos montantes[14], etc.

Por último, e porque a lei só se testa verdadeiramente quando em confronto com os casos concretos, será de reconhecer o papel da juris-

---

[11] Sobre a temática, ver José Manuel Meirim, *Clubes e Sociedades Desportivas – Uma nova realidade jurídica*, Livros Horizonte, 1995 e pedido do Parlamento Europeu à Comissão Europeia para a introdução de um "estatuto jurídico comunitário para as sociedades anónimas desportivas".

[12] Ao nível da tributação internacional, nesta matéria, ver artigo 20.º, e respectivos comentários da Convenção Modelo da OCDE, seguido via de regra nos nossos tratados sobre dupla tributação.

Note-se, no entanto, que alguns tratados possuem disposições específicas que divergem deste regime regra de isenção.

[13] Este trabalho inspectivo implica muitas vezes a colaboração simultânea de vários ministérios ou departamentos (e.g. ministério das finanças, ministério do trabalho, ministério dos negócios estrangeiros, etc.).

[14] Veja-se neste contexto a experiência Irlandesa.

prudência produzida pelos tribunais nacionais, europeus e internacionais na construção do direito do desporto. Este projecto de investigação nacional e internacional, caso seja possível temporal e financeiramente, ficará para uma próxima oportunidade.

A própria Lei de Bases de 2007 reconhece no seu art. 18.º o papel crucial da 'Justiça desportiva', sendo que essa mesma 'Justiça' se efectivará não só com recurso aos órgãos jurisdicionais competentes como através de um sistema eficiente de 'Resolução alternativa de litígios'. Em sede de direito jurisdicional comparado, e salvo a existência de tribunais de competência especializada, que se subordinam às mesmas exigências e requisitos dos tribunais de competência genérica, nomeadamente os requisitos de independência e imparcialidade, os litígios decorrentes de casos de desporto 'entram' nos tribunais comuns. Na verdade, constitui um direito fundamental do cidadão ser julgado, em última instância, por um sistema judicial justo, independente e imparcial.[15] Tal opção, não invalida a opção igualmente válida de recorrer livremente a soluções alternativas de resolução de conflitos (e.g. arbitragem ou mediação).

Afirma-se, portanto, de duvidosa constitucionalidade nacional e europeia (ver Convenção Europeia dos Direitos do Homem) o estabelecido no artigo 18.º números 2 e 3 da Lei de Bases de 2007.

Por outro lado, aplaude-se a referência e apoio aos jogos tradicionais e desporto na natureza, constituindo à semelhança do folclore português ainda não protegido ao abrigo das leis de propriedade intelectual um património rico, não só culturalmente mas também financeiramente, se utilizado para fins turísticos ou promocionais.

---

[15] Veja-se, neste contexto, a posição do Parlamento Europeu de 29-03-2007:
"O recurso à jurisdição dos tribunais comuns, mesmo quando improcedente em matérias de Justiça desportiva, não configura qualquer ilícito disciplinar".

Este órgão condenou as decisões arbitrárias da FIFA a este respeito, solicitando à UEFA e à FIFA que consagrem nos seus estatutos o direito de recurso a um tribunal ordinário.

O Parlamento Europeu insta ainda a FIFA a aumentar a sua democracia interna e a transparência das suas estruturas.

REGIME FISCAL DOS CLUBES DESPORTIVOS DE UTILIDADE PÚBLICA

João Paulo Guimarães

Mestre (Faculdade de Desporto da Universidade do Porto), Investigador do CIJE

1. Introdução

O movimento associativo, com especial destaque para os clubes desportivos, representa uma clara força económica, social, política e desportiva, devendo procurar assegurar-se que a clarificação das suas relações com o Estado seja traduzida em legislação adequada, de forma a ser respeitada a sua relevância social e desportiva.

Cerca de vinte anos ligado à vida interna de um clube desportivo, não vocacionado para a prática desportiva profissional, foi tempo suficiente para nos questionarmos sobre os problemas quotidianos da sua gestão e de nos apercebermos do tratamento que esse clube desportivo recebe da Administração Pública.

Por outro lado, fomos tomando consciência que a maioria das reflexões sobre os clubes desportivos se centram nos "grandes clubes", aqueles que participam em competições de natureza profissional e, dentro deles, dos "clubes de futebol".

A eles destaca a imprensa, genérica ou especializada, os grandes espaços; também para eles se dirigem as palavras dos políticos.

No decorrer da tese de dissertação, para o Mestrado em Ciências da Educação na Área de Gestão Desportiva da FCDEF Porto, bem como nas suas conclusões, estas ideias foram-se sedimentando.

Acresce que, a partir dos anos 1996 e 1997, a Administração Fiscal passa a controlar, de forma mais rigorosa, a actividade dos clubes desportivos de pequena dimensão, com especial atenção para a sua actividade comercial e acessória.

Tudo isto, em suma, levou-nos a eleger como projecto de investigação, um tema que relacionasse aquele tipo de agremiações desportivas e o seu "viver tributário".

Do trabalho que desenvolvemos num clube desportivo, e do contacto com dirigentes de outros clubes desportivos, pudemo-nos aperceber que existe pouco conhecimento, por exemplo, sobre o conteúdo do DL n.º 74//98, de 27 de Março – Plano Oficial de Contabilidade para as Federações, Associações e Agrupamentos de Clubes (PROFAC), bem como das isenções e benefícios fiscais previstos na lei.

Nos clubes desportivos o regime contabilístico e a demonstração de resultados são, geralmente, apenas para "consumo interno" (Assembleia Geral) não havendo, na generalidade, preocupações com o IVA, o IRS, o IRC, os benefícios fiscais, etc.

No entanto, o preâmbulo daquele Decreto-Lei refere que *"Durante e mesmo após o período estabelecido para aplicação deste plano oficial de contabilidade serão previstas acções de apoio técnico e acompanhamento por parte das entidades ou organismos competentes"*.

Não temos conhecimento que este apoio tenha sido concretizado às associações e a clubes desportivos (que não disputem competições profissionais), embora a estes não diga directamente respeito.

Face ao mediatismo que é dado ao "futebol" em todas as suas vertentes, com especial destaque para o volume de negócios (transferências, venda de passes, remunerações, etc), suspeita de corrupção, evasão e/ou fraude fiscal, existe, por parte da Administração Fiscal, uma tendência para identificar as obrigações da generalidade dos clubes desportivos com os "clubes de futebol".

Não estão estes serviços, por vezes, consciencializados nem sensibilizados para a realidade efectiva (receitas, despesas, função social, educativa e recreativa) da maior parte dos clubes desportivos.

Ora, o desporto é um bem cultural a que todos têm direito (artigo 79.º da CRP) mas que nem sempre todos têm acesso. As recomendações e orientações das instituições que intervêm a nível internacional são inequívocas quanto à importância do desenvolvimento desportivo na melhoria da qualidade de vida activa, na formação integral e equilibrada de cada indivíduo e na humanização da vida social.

Se olharmos de relance para os resultados finais de alguns encontros que se ocuparam da realidade dos clubes desportivos em geral, mas muito particularmente daqueles que não participam em competições desportivas profissionais, não é difícil recolher um conjunto de preocupações e dúvidas quanto ao seu presente e futuro.

Assim, no 1.º Congresso das Colectividades da Região Norte, realizado em Julho de 1999, adiantaram-se entre outras as seguintes conclusões:

- Reivindicar para o movimento associativo o Estatuto de Parceiro Social, tendo em conta a dimensão do movimento avaliado em mais de 3.000.000 de associados, em cerca de 20.000 colectividades e 300.000 dirigentes associativos que trabalham diariamente, a título gratuito, e que gerem uma economia social que movimenta largos milhões de contos.
- Reivindicar a redefinição do Estatuto de Utilidade Pública e Isenções Fiscais, de modo a que esta concessão a uma associação não represente apenas uma honra e um reconhecimento público do mérito da sua acção social, tendo um efeito meramente simbólico, mas que traga benefícios reais para a associação em causa. Recomendar um maior alargamento do âmbito, uma maior simplicidade e celeridade do processo, bem como a passagem da competência de concessão da Administração Central para a Administração Local.
- Reivindicar da Associação Nacional de Municípios Portugueses (A.N.M.P.), que promova uma sensibilização junto das autarquias para que ajustem os regulamentos e posturas municipais às especificidades das diversas actividades desenvolvidas pelas associações.
- Reivindicar o aumento das isenções em sede de Estatuto de Benefícios Fiscais e IRC.
- Promover acções de formação específicas na área da contabilidade, de modo a que todas as associações possam apresentar contas transparentes e rigorosas.
- Exigir que o Estado Português cumpra a Constituição da República no que respeita ao desporto, assim como as recomendações das organizações internacionais sobre o desporto para todos.
- Clarificar a função social dos clubes face às suas comunidades, procurando orientar a sua actividade também para a saúde pública, o bem-estar e a qualidade de vida de toda a população.

- Aproveitamento das instalações desportivas no seu conjunto procurando estabelecer acordos de cooperação entre as colectividades, as escolas, as autarquias e a Administração Central.
- Exigir o acesso aos apoios directos do Instituto do Desporto, na base de critérios transparentes, considerando que, segundo as estatísticas do INE, as colectividades constituem automaticamente o seu orçamento em valores que rondam os 70%/80% e face ao papel social relevante que desempenham na área do desporto.

Também do IV Congresso Nacional das Colectividades de Cultura Recreio e Desporto, realizado em Abril de 2001, pudemos constatar algumas dessas preocupações que passamos a transcrever:

- Declaram que a legislação existente não serve o interesse das Colectividades, mas pelo contrário agravam e dificultam a sua acção;
- Exigem que a legislação existente seja urgentemente alterada e que, tal como no caso de nova legislação, haja sempre o parecer prévio do Movimento Associativo;
- Reivindicam a aprovação urgente de:
- Lei que isente as colectividades do IVA na compra de equipamento para a sua actividade.
- Equiparação das Colectividades com Utilidade Pública às IPSS, para efeitos fiscais.
- Actualização do Estatuto de Utilidade Pública.
- Adequação da Lei do Mecenato à realidade associativa.

O presumível desajustamento existente entre o regime fiscal (enquadramento legislativo) e o movimento associativo foi ainda, identificado no Congresso no Desporto Amador, realizado em Junho de 2001, do qual transcrevemos algumas conclusões/propostas apresentadas:

- Criação de um programa específico de apoio à modernização tecnológica dos Clubes, nomeadamente nas áreas da informática e das novas tecnologias de comunicação.
- Isenção de licenças de publicidade relativas à divulgação do Clube e suas actividades.
- Redução das contribuições para a Segurança Social a suportar pelos Clubes, relativas aos seus colaboradores, tendo em conta o Serviço Social que prestam.

– Taxa reduzida de IVA para as obras de construção e beneficiação de infra-estruturas e aquisição de equipamentos desportivos.
– Isenção de IA na aquisição de viaturas para utilização desportiva.
– Em termos gerais, e no sentido do adequado enquadramento da actividade, deverá ser criada legislação desportiva, laboral, social e fiscal, para os Clubes de Desporto Amador.

2. Apresentação do problema – O cumprimento das obrigações fiscais e contabilísticas: avaliação e análise crítica

O clube desportivo é, no quadro do sistema desportivo nacional, a agremiação desportiva de base.

Tudo o que se relacionar com a sua vivência há-de, naturalmente, precipitar-se no todo do sistema.

Para nós, a questão que se coloca, é a de "medir" a importância das normas fiscais, de tudo o que se relaciona com os impostos, no quotidiano de um clube desportivo.

Os clubes desportivos têm presente as obrigações fiscais a que se encontram sujeitos? Enquanto contribuintes conhecem e exercem os seus direitos? Possuem, utilizam ferramentas de gestão contabilística que lhes permita apresentar contas rigorosas, transparentes, cumprindo e beneficiando das obrigações e direitos implícitos nos diversos Códigos?

Vivem, em suma, num quadro de legalidade tributária?

Esta questão, formulada genericamente, desdobra-se na aproximação a diversas temáticas que, no âmbito do nosso trabalho, dirão respeito ao imposto sobre o rendimento das pessoas colectivas (IRC), ao imposto sobre o valor acrescentado (IVA), ao estatuto dos benefícios fiscais (EBF), à contribuição autárquica/imposto municipal sobre imóveis (CA/IMI), ao imposto municipal de SISA (IMS), ao imposto sobre sucessões e doações (ISD), ao imposto municipal sobre as transmissões onerosas de imóveis (IMT), ao imposto de selo (IS), ao imposto sobre rendimento de pessoas singulares (IRS), à segurança social (SS) e ao estatuto do mecenato (EM).

3. Fundamentação prévia

3.1. *Direito fiscal, Direito internacional e Direito comunitário*

É cada vez mais visível nos ordenamentos fiscais nacionais a existência de segmentos de direito internacional fiscal, isto é, de normas fiscais provenientes quase exclusivamente de convenções internacionais e visando fundamentalmente situações internacionais ou plurilocalizadas.

Este conjunto de normas jurídicas fiscais tem por objecto a regulamentação das "situações da vida que têm contacto, por qualquer dos seus elementos, com mais do que uma ordem jurídica, dotada de poder de tributar" ou, noutra formulação, compreende a totalidade das disposições jurídicas que se referem à tributação relativa a hipóteses que ultrapassam as fronteiras nacionais, ou seja, hipóteses que, implicando relações com âmbitos territoriais ou com ordenamentos jurídicos relativos a mais de um Estado, conduzem a que se apresente como credor tributário mais do que um Estado.

Estas situações têm hoje uma importância fundamental crescente, dada a cada vez maior internacionalização das relações económicas exigida pela tendencial globalização dos mercados quer a nível mundial, quer especialmente dentro dos espaços de forte integração económica como o é o caso da União Europeia. Compreende-se assim o actual empenhamento na luta contra a dupla tributação e a evasão fiscal internacionais, que aquela internacionalização facilita extraordinariamente. Uma luta que naturalmente não pode deixar de mobilizar os diversos instrumentos ou vias interna, comunitária e internacional.

Empenhamento que, acrescente-se, tende a ser concretizado pela generalidade dos países, através das vias referidas, seguindo as acções propostas pelas convenções-modelo da OCDE, ou seja, o Modelo de Convenção Fiscal sobre o Rendimento e o Património (1995) e o Modelo de Convenção de Dupla Tributação em Matéria de Sucessões e Doações (1982).

Embora se possa conceber o direito comunitário como um especial (*rectius* um qualificado) domínio do direito internacional, não podemos deixar de ponderar o reconhecido carácter supranacional do direito comunitário, uma característica de que, ao menos no actual estado de desenvolvimento da comunidade internacional, ainda não partilha o direito internacional.

Na harmonização fiscal dos impostos estaduais, é de assinalar que ela pode apresentar diversos graus ou níveis de concretização e não se verifica apenas relativamente à tributação do consumo. Assim e por outro lado, temos dois graus ou níveis de harmonização fiscal: a harmonização *stricto sensu* das legislações, em que se procede à erradicação das disparidades existentes entre as legislações nacionais de modo a chegar a soluções idênticas, sem limitar, contudo, o exercício da competência legislativa nacional; e a aproximação de legislações, em que se procura formar uma base comum de princípios e regras, de maneira a que não só as soluções, mas também os próprios direitos nacionais se tornem, senão idênticos, pelo menos, similares.

A harmonização fiscal representa, assim, a solução racional de compromisso entre a necessidade de eliminar as disparidades fiscais existentes entre os Estados membros e a salvaguarda da autonomia destes em sede da sua competência legislativa. O que permite distinguir a harmonização tanto da mera coordenação, que não pressupõe a erradicação das disparidades entre os diversos direitos e se situa ao nível da cooperação internacional dos Estados, como da unificação ou uniformização que envolve a eliminação total das disparidades e o consequente abrir mão de parcelas significativas da soberania.

De referir ainda neste sector do direito comunitário fiscal, a disciplina dirigida a evitar a dupla tributação e a evasão fiscal decorrentes de situações fiscais plurilocalizadas, isto é, de situações fiscais com conexão relevante em diversos Estados membros da União Europeia.

3.2. *Direito ao desporto e o clube desportivo*

A Constituição da República Portuguesa, lei fundamental do País, consagra, impressivamente o direito de associação (artigo 46.º), pelo que é inequívoco o seu interesse e importância.

O Estado está obrigado a prosseguir a política cultural, desportiva e outras em cooperação com as associações, clubes e cidadãos organizados nas diferentes expressões associativas.

A participação construtiva e o desenvolvimento da democracia dependem tanto de uma educação permanente como de um livre acesso ao conhecimento, à cultura e ao desporto.

Todos os cidadãos têm direito à cultura física e ao desporto.

Portugal insere no seu texto constitucional uma disposição sem paralelo no quadro comunitário europeu, consagrando o direito ao desporto como um direito fundamental de todos os cidadãos.

Na Constituição da República Portuguesa, o desporto recolhe uma expressiva recepção, como podemos constatar no artigo 79.º, sob a epígrafe "Cultura física e desporto":

1 – Todos têm direito à cultura física e ao desporto.

2 – Incumbe ao Estado, em colaboração com as escolas e as associações e colectividades desportivas promover, estimular, orientar e apoiar a prática e a difusão da cultura física e do desporto, bem como prevenir a violência no desporto.

O desporto, para além de estar implicitamente presente noutras disposições constitucionais (ex. na previsão do direito dos trabalhadores aos lazeres – artigo 59.º, n.º 1, alínea *d*) é ainda acolhido no quadro constitucional dedicado à juventude (artigo 70.º) e à protecção da saúde (artigo 64.º, n.º 2, alínea *b*).

O direito ao desporto não pode deixar de ser entendido com a maior abertura possível, dado o próprio carácter democrático que este assume e que a Constituição tem presente ao definir os alicerces do Estado Português.

Democracia e liberdade no Estado, democracia e liberdade no desporto.

Como vemos, o direito ao desporto é um direito fundamental de todos os cidadãos que encontra localização sistemática no texto constitucional, no âmbito dos direitos e deveres culturais Capítulo III da CRP por sua vez inseridos na qualificação mais abrangente dos direitos e deveres económicos, sociais e culturais – Título III da CRP.

Seguindo a lição dos constitucionalistas J.J. Gomes Canotilho e Vital Moreira (Fundamentos da Constituição 1991) estamos, desde logo, perante um direito de carácter universal – é um direito de todos a certas prestações apresentando-se como um direito positivo.

Embora esteja dependente de uma série de medidas legislativas, o direito ao desporto tem importante relevo jurídico, quando encarado como direito subjectivo:

– implica uma interpretação das normas legais de modo conforme à consagração constitucional;

- a inércia do Estado quanto à criação de condições para a sua efectivação pode acarretar uma inconstitucionalidade por omissão;
- implica a inconstitucionalidade das normas legais que não desenvolvem a realização desse direito fundamental ou a realizem diminuindo o estádio anteriormente atingido.

Conforme refere Meirim (1995), podemos definir associativismo desportivo como um "conjunto de organizações colectivas de cidadãos, sem fins lucrativos, que visam promover a prática desportiva e o desenvolvimento do sistema desportivo."

O associativismo desportivo recolhe as características próprias ao exercício da liberdade de associação, isto é, concretiza-se no respeito de três vertentes essenciais, conforme nos apontam os constitucionalistas J.J. Gomes Canotilho e Vital Moreira (1997):

- o direito individual dos cidadãos a constituir livremente associações sem impedimentos e sem imposições do Estado, bem como o direito de se filiar em associação já constituída;
- o direito da própria organização a organizar-se e a prosseguir livremente a sua actividade (desde que legal);
- o direito do cidadão de não entrar numa associação, bem como o direito de sair dela.

Emanações da sociedade civil, projecção da liberdade de associação constitucionalmente assegurada, as associações ocupam papel ímpar no sistema desportivo nacional.

De realçar, portanto, que o clube desportivo se apresenta no sistema desportivo como um dos seus mais importantes operadores, constituindo o momento primário do associativismo desportivo.

Como associação privada de fim não lucrativo, o clube desportivo nasce do exercício da liberdade de associação, constitucionalmente garantida a todos os cidadãos, configurando-se como uma das várias espécies de estruturas associativas que actuam neste espaço de intervenção cívica.

Desta forma, como regra, a sua formação, as suas finalidades e os meios a empregar para a sua prossecução, encontram-se sujeitos às normas que, de forma genérica, se ocupam do enquadramento das associações.

Uma lei de bases é, por definição, uma lei de alicerces de determinado domínio jurídico.

Aí vamos encontrar as directrizes normativas fundamentais a observar numa faceta da realidade social o que exige naturalmente a emanação de outras normas que as concretizem e as tornem operativas.

A Assembleia da República decretou a Lei n.º 5/2007 – Lei de Bases da Actividade Física e do Desporto (LBAFD), tendo a mesma sido aprovada em 7 de Dezembro de 2006 e publicada em Diário da República (DR) em 16 de Janeiro de 2007.

A Lei n.º 5/2007, de 16 de Janeiro, – Lei de Bases da Actividade Física e do Desporto (LBAFD), revogou (artigo 52.º) a Lei n.º 30/2004, de 21 de Julho – Lei de Bases do Desporto (LBD), que, por sua vez, já tinha substituído (revogado) a Lei n.º 1/90, de 13 de Janeiro, com as alterações introduzidas pela Lei n.º 19/96, de 25 de Junho – Lei de Bases do Sistema Desportivo (LBSD).

De salientar ainda que, de acordo com o artigo 51.º, "A presente lei, nas matérias que não sejam reserva da Assembleia da República, deve ser objecto de regulamentação, por decreto-lei, no prazo de 180 dias."

Na secção III – clubes e sociedades desportivas – encontramos a primeira referência estruturada em relação aos clubes desportivos.

Assim, temos o artigo 26.º, n.º 1; que nos define os clubes desportivos como sendo pessoas colectivas de direito privado, constituídas sob a forma de associação sem fins lucrativos, que tenham como objecto (escopo) o fomento e a prática <u>directa</u> (o sublinhado é nosso) de modalidades desportivas. O n.º 2 deste artigo estabelece ainda que, se esses clubes desportivos participarem em competições profissionais, ficarão, em regra, sujeitos a um regime especial de gestão definido por lei podendo, no entanto, optar por constituir uma sociedade desportiva com fins lucrativos (sad).

A lei define (definirá?) o regime jurídico, destas sociedades anónimas, entre o qual destacamos o estabelecimento de um regime fiscal adequado à especificidade das mesmas (artigo 27.º, n.º 2).

O clube desportivo é uma pessoa colectiva de direito privado cujo objecto é o fomento e a prática directa de actividades desportivas, que se constitui sob forma associativa e sem intuitos lucrativos.

É neles que assenta toda a estrutura associativa: dos clubes aos agrupamentos de clubes (incluindo as associações de clubes) e destes às federações desportivas.

O posicionamento dos clubes desportivos no actual quadro do sistema desportivo nacional, encontra manifestações a diversos títulos, estando prevista (e em alguns casos, sendo exigida) a sua participação nos mais variados domínios.

A especificidade deste tipo de associação, as características próprias do fenómeno desportivo, origina a obtenção de respostas que, nos mais diversos níveis, têm presente essa particular realidade.

De acordo com o estatuto das colectividades de utilidade pública (declaração de utilidade pública), os clubes desportivos podem, na generalidade dos casos, usufruir desse estatuto. Tal facto resulta de os clubes desportivos, paralelamente aos interesses egoístas dos seus associados, prosseguirem um interesse geral da comunidade.

A declaração de utilidade pública é requerida pela pessoa colectiva sendo necessário, para que a mesma seja declarada, que a Administração Pública considere que o seu fim estatutário e a sua actividade efectiva fomentam e desenvolvem um interesse geral da comunidade (DL n.º 460//77 de 7 de Novembro).

O estatuto de utilidade pública confere direitos, benefícios/isenções fiscais previstas na lei e outras regalias, e deveres, como o envio anual do relatório e contas para a Presidência do Conselho de Ministros, a prestação de informações solicitadas pelas entidades oficiais, a colaboração com o Estado e com as autarquias na prestação de serviços ao seu alcance e na cedência das suas instalações para a realização de actividades afins (DL n.º 460/77 e Lei n.º 151/99 de 14 de Setembro).

3.3. *O Desporto e a Tributação*

São evidentes as relações entre o imposto e a actividade desportiva, entendida esta num sentido lato, não nos parecendo difícil constatar a importância que tem para o desporto, e em particular para os clubes desportivos que não participam em competições desportivas profissionais, o impacto do sistema tributário.

A título de mero exemplo, referem-se algumas disposições que decorrem da última reforma fiscal.

O DL n.º 198/2001, de 3 de Julho, operou a revisão do Código do Imposto sobre o Rendimento das Pessoas Singulares (IRS), do Código do Imposto sobre o Rendimento de Pessoas Colectivas (IRC) e do Estatuto dos Benefícios Fiscais.

De acordo com o objecto do nosso trabalho, apenas iremos referenciar algumas situações no que diz respeito ao IRC e ao EBF.

Em relação ao CIRC destacamos:

- A extensão da obrigação de imposto aos rendimentos derivados do exercício em território português de actividade de desportista, excepto quando seja feita prova de que estes não controlam directa ou indirectamente a entidade que obtém o rendimento – artigo 4.º, n.º 3, alínea d) – (artigo 4.º, n.º 3, alínea d, CIRC 2000).
- Embora sujeitos a algumas condições, os rendimentos directamente derivados de actividades desportivas encontram-se igualmente isentos de IRC – artigo 11.º – (ex artigo 10.º CIRC 2000).
- No que respeita às pessoas colectivas e outras entidades residentes que não exercem a título principal, actividade comercial, industrial ou agrícola, são considerados rendimentos não sujeitos a IRC, as quotas pagas pelos associados em conformidade com os estatutos, bem como os subsídios recebidos e destinados a financiar a realização de fins estatutários – artigo 49.º, n.º 3 – (ex artigo 48.º, n.º 3 CIRC 2000).
- De assinalar que as pessoas colectivas de utilidade pública, dentro dos limites da sua competência, também devem fiscalizar o cumprimento das obrigações impostas pelo CIRC – artigo 124.º – (ex artigo 107.º CIRC 2000).

Em relação ao Estatuto dos Benefícios Fiscais, registamos três aspectos:

- A isenção de IMI encontra-se estabelecida a favor das pessoas colectivas de mera utilidade pública e das associações desportivas e das associações juvenis, em relação aos prédios ou parte de prédios destinados à realização dos seus fins – artigo 40.º, n.º 1, alíneas e) e i) – (ex artigo 50.º, n.º 1, alíneas e) e i) EBF 2000).
- Nos termos do artigo 52.º, n.º 1, ficam isentos de IRC os rendimentos das colectividades desportivas, de cultura e de recreio, abrangidas pelo artigo 11.º do CIRC (ex artigo 10.º CIRC 2000), desde que a totalidade dos seus rendimentos brutos sujeitos a tributação não exceda o montante de € 7.481,97 (ex artigo 48.º, n.º 1 EBF 2000).

– Por último, conforme o n.º 2 do mesmo artigo, as importâncias investidas pelos clubes desportivos em novas infra-estruturas ou por eles despendidos em actividades desportivas de recreação e no desporto de rendimento, não provenientes de subsídios, podem ser deduzidas ao rendimento global até ao limite de 90% da soma algébrica dos rendimentos líquidos previstos no artigo 11.º, n.º 3, do CIRC, sendo o eventual excesso deduzido até ao final do segundo exercício seguinte ao do investimento.

Como podemos constatar, estas disposições já estavam contempladas no regime anterior, apenas havendo alteração na numeração de alguns artigos, mantendo-se imutável o seu conteúdo.

No entanto, segundo J. M. Meirim (2001), "para além das alterações normativas ocorridas deve-se registar, com inegável nota positiva, o facto de em anexo ao diploma se publicarem os correspondentes articulados daqueles importantes textos, desta forma se alcançando um aumento de clareza e segurança jurídicas em domínio em que se registam inúmeras alterações ao longo do tempo".

4. Missões do estudo

As missões do presente estudo serão dividos em principais e complementares, consoante se refiram, respectivamente, ao estudo principal ou ao estudo complementar.

O estudo principal, e consequentemente as missões principais, visa identificar o regime fiscal dos clubes desportivos e propor um Plano Oficial (oficioso) de Contabilidade (específico) para Clubes Desportivos com Estatuto de Utilidade Pública – PoCCDEUP.

O estudo complementar e consequentes objectivos complementares, visam analisar comparativamente o regime fiscal dos clubes desportivos e o de outras entidades afins, bem como identificar as pretensões daqueles clubes e as suas justificações.

O objecto da nossa investigação é a de apurar o regime fiscal dos clubes desportivos titulares do estatuto de pessoa colectiva de utilidade pública (sem participação em competição profissional), não só baseados numa observação positivista, mas muito mais a partir da aplicação do normativo levado a cabo por aquelas organizações desportivas.

Para atingir este desiderato, lançamos mão da elaboração de um inquérito e do uso de entrevistas, sendo que as respostas obtidas, para alcançar uma compreensão crítica, são balizadas no tempo (2001-2004).

Ora, este método dificilmente se compadece com as mutações quase constantes das normas fiscais querendo isto significar que a realidade fiscal vigente para o nosso universo de agremiações desportivas poderá ser, "amanhã", eventualmente, diversa daquela com que trabalharemos nesta investigação.

Resta, contudo, e parece-nos que será suficiente para a importância deste trabalho académico, as pistas que o nosso estudo lançará quanto ao grau de adequação e aplicação das normas fiscais que colidem ou não, directamente com a vivência dos clubes desportivos com a caracterização que adiantamos, os quais, feitas bem as contas, constituem a esmagadora maioria dos clubes desportivos portugueses.

5. Desenvolvimento

Para tentarmos explicitar, embora de forma superficial, o enquadramento jurídico-fiscal dos clubes e outras obrigações acessórias, socorremo-nos do inquérito que desenvolvemos para os clubes desportivos com estatuto de utilidade pública, com sede na cidade do Porto e que não participam em competição profissional.

O(s) tema(s) que iremos desenvolver inserem-se no âmbito do inquérito que "aplicámos" nos clubes desportivos que seleccionámos.

A organização do texto reflecte, em regra, a sequência das perguntas elaboradas havendo, pontualmente, uma alteração das mesmas proporcionando, assim, uma melhor compreensão dos conteúdos.

Os clubes desportivos deverão, por norma, de acordo com o CIRC, organizar a(s) sua(s) contabilidade(s), de acordo com o artigo 115.º (Obrigações contabilísticas das empresas) ou com o artigo 116.º (Regime simplificado de escrituração). Devendo, no entanto, os clubes que optarem pelo regime simplificado de escrituração (artigo 116.º) organizar a contabilidade segundo os critérios definidos pelo artigo 115.º, para as actividades comerciais, industriais ou agrícolas, desenvolvidas a título acessório (artigo 116.º, n.º 2). Este facto implica que os clubes que optarem por este regime desenvolvam duas "contabilidades" independentes, por forma a permitir o controlo dos seus rendimentos e quais as suas origens.

Os clubes desportivos, tal como qualquer outra empresa privada ou mesmo entidade pública, podem ser sujeitos a auditoria de contas por parte da IGF/DGCI. Estas "inspecções" visam, sobretudo, a detecção de eventuais infracções cometidas pelos auditados. Do conhecimento que temos e da análise de notícias nos diversos órgãos de comunicação, podemos constatar que as infracções que existem resultam, algumas, do desconhecimento da lei (obrigações) e outras, dos descontrolo orçamental (receitas muito inferiores às despesas) evidenciado pelos órgãos executivos dos clubes. Logicamente que a invocação dos desconhecimento da lei não inibe o registo da infracção fiscal, mas pode permitir-nos desenvolver algumas propostas que possam ser implementadas e que diminuam substancialmente estas situações (atitudes).

Concretizando, as infracções fiscais detectadas surgem geralmente no desenvolvimento da actividade comercial e acessória; rendimentos considerados comerciais pela administração fiscal mas que os clubes indicam como subsídios/donativos; a não liquidação de IVA em facturas//recibos; não pagamento (entrega) do IRC e/ou IVA às finanças.

As outras infracções detectadas dizem respeito ao não pagamento//entrega às finanças dos valores de retenção de IRS e das quotizações//contribuições para (da) segurança social.

Em relação às instalações dos clubes, encontramos situações muito diversificadas, das quais seleccionámos duas.

As instalações dos clubes que se encontram em terrenos próprios estão isentos(as) de CA/IMI, de acordo com o artigo 40.º do EBF.

Caso os clubes arrendem instalações, como únicos utilizadores ou partilhando-as com outros, haverá necessidade de efectuar pagamento de IVA caso, no arrendamento desses espaços, estejam incluídos equipamentos (artigo 9.º, n.º 30, do CIVA). Se os clubes cederem (alugarem) as suas instalações a pessoas colectivas (ou outras que não as utilizem directamente) deverão liquidar IVA visto que o artigo 9.º, n.º 9, do CIVA não abrange esta situação para a isenção.

De acordo com o artigo 1.º da Lei n.º 151/99[1], de 14 de Setembro, os clubes estão, por norma, isentos de IMS/IMT bem como de IMSD/IS.

---

[1] Actualiza o regime de regalias e isenções fiscais das pessoas colectivas de utilidade pública.

Esta isenção não abrange o rendimento derivado da venda de imóveis/terrenos por parte dos clubes podendo ser necessário o pagamento de "mais-valias".

O envio anual de Relatório e Contas (artigo 12.º, alínea *a*) do Decreto-Lei n.º 460/77, de 7 de Novembro) para a Presidência do Conselho de Ministros é uma das obrigações a cumprir pelos clubes desportivos com "estatuto" de utilidade pública. Não temos conhecimento que o não cumprimento desta(s) obrigação(ões) tenha implicado a suspensão da declaração de utilidade pública. No entanto, alguns clubes têm sido contactados, via ofício, por este organismo, com indicações precisas sobre a obrigatoriedade do envio desses documentos. Os clubes têm-nas cumprido.

Apresentamos as origens das receitas dos clubes desportivos, indicando sumariamente o respectivo regime fiscal, de acordo com os seguintes itens:

– Quotizações

Os rendimentos derivados das quotas dos associados são considerados não sujeitos para efeitos de IRC (artigo 49.º, n.º 3, do CIRC) e isentos de IVA (artigo 9.º n.º 21 do CIVA).

– Subsídios

Tal como referimos para as quotizações, também os rendimentos derivados de subsídios (através de contratos-programa ou outros) são considerados não sujeitos para efeitos de IRC, de acordo com o artigo atrás mencionado.

– Prestações de serviços

Os rendimentos directamente derivados do exercício de actividades culturais, recreativas e desportivas (prestação de serviços) são isentos de IRC (artigo 11.º do CIRC) desde que cumpridos todos os requisitos expressos neste mesmo artigo. Situação idêntica (isenção) no âmbito do IVA, na prestação de serviços a pessoas que directamente pratiquem essas actividades (artigo 9.º, n.º 9, do CIVA) desde que os clubes sejam considerados como organismos sem finalidade lucrativa e cumpram, simultaneamente, os estipulado no artigo 10.º do CIVA.

– Donativos

Os donativos[2] atribuídos aos clubes desportivos[3] são considerados como custos ou perdas do exercício para os respectivos mecenas (doadores).

Para as empresas sujeitas a IRC o artigo 3.º do EM[4] (aprovado pelo DL n.º 74/99, de 16 de Março)[5], estabelece, entre outras, as regras de limite e de majoração do volume de negócio e custos relacionados com esses donativos. Situação similar, encontramos no artigo 5.º desse estatuto, onde são definidas as normas de dedução (dos custos dos donativos) no âmbito do IRS.

De salientar que todas as entidades beneficiarias têm de desencadear o processo de reconhecimento prévio por despacho conjunto dos ministros da Finanças e da tutela (Desporto) para que os donativos recebidos sejam fiscalmente relevantes

Sob o regime do E.M., recai sobre os doadores o ónus de fiscalizarem a qualificação jus-fiscal das entidades a quem atribuiu donativos.

---

[2] Lei n.º 53-A/2006 de 29 de Dezembro – Artigo 83.º n.º3 Aditamento ao EBF – É aditado ao Estatuto dos Benefícios Fiscais,um novo capítulo X, sob a epígrafe «Benefícios relativos ao mecenato», que integra os artigos 56.º-C, 56.º-D, 56.º-E, 56.º- -F, 56.º-G e 56.º-H, igualmente aditados, com a seguinte redacção: Artigo 56.º-C Noção de donativo – Para efeitos fiscais, os donativos constituem entregas em dinheiro ou em espécie concedidos sem contrapartidas que configurem obrigações de carácter pecuniário ou comercial às entidades públicas ou privadas previstas nos artigos seguintes, cuja actividade consiste predominantemente na realização de iniciativas nas áreas social, cultural, ambiental, desportiva ou educacional.

[3] Associações dotadas de estatuto de utilidade pública que tenham como objecto o fomento e a prática de actividades desportivas, com excepção das secções participantes em competições desportivas de natureza profissional.

[4] Revogado pela Lei n.º 53-A/2006 de 29 Dezembro (Orçamento do Estado 2007) Artigo 87.º Revogação de normas no âmbito dos benefícios fiscais 3 – São igualmente revogados: *f)* O Estatuto do Mecenato, aprovado pelo Decreto-Lei n.º 74//99, de 16 de Março.

[5] Complementado com a introdução de novas alíneas e nova redacção em alguns artigos, conforme a Lei n.º 160/99, de 14 de Setembro, a Lei n.º 176-A/99, de 30 de Dezembro, a Lei n.º 3-B/2000, de 4 de Abril, Lei n.º 30-C/2000, de 29 de Dezembro, Lei n.º 30-G/2000, de 29 de Dezembro, Lei n.º 109-B/2001, de 27 de Dezembro, Lei n.º 107-B/2003, de 31 de Dezembro.

– Actividade comercial e acessória

São inseridos na actividade comercial e acessória (ACA) os rendimentos (receitas) derivados, entre outros: da publicidade, do bar-restaurante, dos patrocínios e do material desportivo. A enumeração não é exaustiva mas reflecte, quanto a nós, a maior parte das actividades comerciais (acessórias) promovidas pelos clubes, sendo estas as mais difíceis de enquadrar na(s) contabilidade(s) dos clubes desportivos.

O desenvolvimento destas actividades tem implicações directas com o CIRC, o CIVA e, eventualmente, com o EBF.

Ao nível do IRC, não existe nenhuma isenção expressa, embora a mesma esteja consignada no artigo 52.º, n.º 1, do EBF, caso a totalidade dos rendimentos brutos sujeitos a tributação não exceda o valor anual de € 7.481,97. De acordo ainda com este estatuto, o artigo 52.º, n.º 2, permite a dedução de uma percentagem desses valores[6].

Estes rendimentos estão, em regra, sujeitos a IVA, embora esteja previsto no artigo 9.º, n.º 22, do CIVA, a possibilidade de isenção desse imposto[7], desde que cumpridas as formalidades exigidas pelo Despacho Normativo n.º 118/85, de 31 de Dezembro[8].

---

[6] As importâncias investidas pelos clubes desportivos em novas infra-estruturas ou por eles despendidas em actividades desportivas de recreação e no desporto de rendimento, não provenientes de subsídios, podem ser deduzidas ao rendimento global até ao limite de 90% da soma algébrica dos rendimentos líquidos previstos no n.º 3 do artigo 11.º do CIRC, sendo o eventual excesso deduzido até ao final do segundo exercício seguinte ao do investimento.

[7] As transmissões de bens e as prestações de serviços efectuadas por entidades cujas actividades habituais se encontram isentas nos termos dos n.º 2, 7, 8, 9, 10, 11, 13, 14, 15 e 21 deste artigo, aquando de manifestações ocasionais destinadas à angariação de fundos em seu proveito exclusivo, desde que esta isenção não provoque distorções de concorrência.

[8] As manifestações ocasionais abrangidas pela isenção do n.º 22 do artigo 9.º realizam-se com vista à procura para as entidades em causa de meios financeiros excepcionais e revestem as mais variadas formas: bailes, concertos, espectáculos de folclore ou variedades, sessões de cinema ou teatro, espectáculos desportivos, vendas de caridade, exposições, quermesses, sorteios e outros, e normalmente têm lugar em alturas festivas. Para efeitos da isenção prevista no n.º 22) do artigo 9.º do mesmo Código, é fixado em 8 o número anual de manifestações ocasionais promovidas por entidades cujas actividades habituais se encontram isentas nos termos dos n.º 2, 7, 8, 9, 10, 11, 13, 14, 15 e 21 do referido artigo.

O artigo 53.º do CIVA prevê que podem beneficiar da isenção de imposto os sujeitos passivos que, não possuindo nem sendo obrigados a possuir contabilidade organizada para efeitos de IRS ou IRC, nem praticando operações de importação, exportação ou actividades conexas, não tenham atingido no ano civil anterior um volume de negócios superior a € 9.975,96 (que no caso dos clubes, este valor pode ser inferido como resultado da ACA – artigo 73.º). Consideramos, no entanto, que este regime não se pode aplicar aos clubes face às exigências previstas no artigo 116.º, n.º 2, do CIRC, que refere expressamente que "Os registos referidos no número anterior não abrangem os rendimentos das actividades comerciais (...) exercidas a título acessório pelas entidades aí mencionadas, devendo, caso existam esses rendimentos, ser também organizada uma contabilidade que, nos termos do artigo anterior (artigo 115.º Obrigações contabilísticas das empresas), permita o controlo do lucro apurado."

Ainda no âmbito do CIVA, e para efeitos de dedução deste imposto, os clubes desportivos são considerados sujeitos passivos mistos estando, portanto, inseridos/abrangidos pelo artigo 23.º deste código. O artigo 23.º do CIVA dispõe que quando o sujeito passivo, no exercício da sua actividade, efectue transmissões de bens e prestações de serviços, parte das quais não confira o direito à dedução, a determinação do imposto dedutível pode ser efectuada por duas formas ou métodos: o método da percentagem de dedução ou da dedução pro rata, nos termos do qual o imposto suportado nas aquisições confere o direito à dedução proporcional ao valor anual das operações tributáveis e isentas com direito a dedução relativamente ao volume de negócios total; e o método da afectação real, que consiste na separação contabilística das aquisições de bens afectos ao sector dedutível das afectas ao sector isento, deduzindo o imposto suportado pelas primeiras (e nada deduzindo relativamente às segundas).

Daí resulta a necessidade (importância) dos clubes desportivos organizarem uma contabilidade que lhes permita aferir, face ao IVA suportado, qual o valor dedutível e qual o valor não dedutível, e "confrontá--lo" com o valor de IVA liquidado.

Portanto, o IVA é liquidado pelo respectivo sujeito passivo, sendo igualmente este que procede à sua cobrança (e pagamento). Assim, feitas as deduções e apurado o imposto, o sujeito passivo entrega o respectivo montante (artigo 28.º), simultaneamente com as declarações periódicas previstas no artigo 40.º, na Direcção de Serviços de Cobrança do IVA.

O sujeito passivo de IVA tem direito à compensação ou mesmo ao reembolso do imposto pago no caso do imposto liquidado nas vendas, num dado período, ser inferior ao imposto pago e suportado nas aquisições desse mesmo período. Isto mesmo está previsto no artigo 22.º, cujos n.º 4 e n.º5 dispõem:

Sempre que a dedução de imposto a que haja lugar supere o montante devido pelas operações tributáveis, no período correspondente, o excesso será deduzido nos períodos de imposto seguintes (reporte de IVA). Se, passados 12 meses relativos ao período em que se iniciou o excesso, persistir crédito a favor do contribuinte superior a € 249,40, este poderá solicitar o reembolso[9] do IVA.

A matéria colectável é formada pela soma algébrica dos rendimentos líquidos das várias categorias consideradas para efeito do IRS (artigo 48.º do CIRC), para as entidades residentes que não exerçam a título principal uma actividade de natureza comercial, industrial ou agrícola.

Estão definidas no artigo 49.º do CIRC as regras de dedução dos custos ao rendimento global e que podem ser feitas, no todo ou em parte, consoante sejam custos específicos (alínea *a*)) ou custos comuns (alínea *b*)).

As normas, da contingente, retenção na fonte de IRC efectuada pelos clubes a terceiros ou a ela sujeitos por terceiros, estão definidas nos artigos 88.º a 90.º do CIRC. Este Código[10] estabelece, ainda, nos artigos 82.º e 83.º a competência, procedimento e forma de liquidação do imposto. O pagamento e eventual reembolso[11] deste, estão referidos no artigo 100.º do CIRC.

De referir que, caso os clubes desportivos tenham nos seus espaços painéis publicitários (interiores ou exteriores) e/ou bar-restaurante, são obrigados a possuir licenças municipais e alvará sanitário. Essas licenças e alvará são atribuídos pela Câmara Municipal do Porto, conforme Apêndice n.º 128/99 do Decreto-Lei n.º 237/99 de 11 de Outubro, que definirá os

---

[9] O Ministro das Finanças e do Plano poderá autorizar a administração fiscal a efectuar reembolsos em condições diferentes das estabelecidas nos números anteriores, relativamente a sectores de actividade cujo volume de negócios seja constituído essencialmente por operações isentas com direito à dedução do imposto pago nas aquisições.

[10] Ver, ainda, artigos 109.º a 112.º do CIRC sobre obrigações declarativas, declarações de inscrição e periódicas de rendimento.

[11] Ver artigo 96.º n.º 3 e n.º 6 do CIRC.

regulamentos e valor da taxa a cobrar (quando não isentos) aos munícipes (entidades). A Direcção Municipal de Finanças e Património e Direcção Municipal de Apoio às Actividades Económicas são responsáveis pela fiscalização e controlo dessas regras (obrigações)[12].

Os clubes desportivos têm ainda obrigações (caso existam funcionários ou outros colaboradores remunerados) no âmbito do IRS e da segurança social (SS). De referir que, não estão previstos nestes normativos a hipótese dos trabalhadores serem "remunerados" apenas através de "subsídios" (deslocação, alimentação, etc.). Estes subsídios são autorizados (dentro de certos limites) a trabalhadores remunerados.

Assim temos que os "trabalhadores" (funcionários, professores, treinadores, médicos, atletas ou outros) ocasionais ou permanentes, quando remunerados o devam ser através da categoria A (rendimento do trabalho dependente) ou através da categoria B (rendimentos empresarias ou profissionais – trabalho independente)[13]. Exceptuam-se, logicamente, os voluntários que trabalham de forma graciosa.

As normas gerais de retenção na fonte estão definidas no artigo 98.º, mas a este respeito há que ter em atenção o Decreto-Lei n.º 42/91 de 22 de Janeiro. Os artigos 99.º, 100.º e 101.º do CIRS especificam a retenção respectivamente sobre rendimentos da categoria A e H, sobre remunerações não fixas e sobre rendimentos de outras categorias.

Haverá, que ter em conta, a possibilidade de dispensa de retenção na fonte segundo as normas expressas nos artigos e Decreto-Lei acima referidos.

De salientar que o artigo 13.º do DL n.º 42/91 de 22 de Janeiro, define que as quantias retidas nos termos dos artigos anteriores deverão ser entregues nos cofres do Estado pela entidade (clube desportivo) retentora, até ao dia 20 do mês seguinte àquele em que foram deduzidas.

Embora o nosso trabalho esteja directamente vocacionado para o "viver tributário" dos clubes desportivos, parece-nos importante fazer, tal como fizemos para o IRS uma pequena nota sobre a Segurança Social.

Em termos de segurança social, considerando que os clubes inseridos no nosso estudo não têm atletas profissionais, este quadro contributivo refere-se aos funcionários desses clubes.

---

[12] Ver Regulamento actualizado de 14 de Março de 2007; Lei n.º 5/2004 de 10 de Fevereiro.

[13] Ver artigos 1.º, 2.º e 3.º do CIRS.

Regime	Entidade patronal	Empregados	Gerente Sócio
Geral	23,75% (21,25%*)	11%	10%*
Clubes desportivos com estatuto de utilidade pública	20,6%	11%	—

Existe, portanto, um menor valor de contribuição por parte dos clubes desportivos (entidade patronal) em relação ao regime geral.

As normas de cotização (retenção na fonte) dos beneficiários (trabalhadores), das contribuições dos clubes (artigos 60.º a 63.º) bem como, os prazos e formas de pagamento à Segurança Social estão definidas, entre outras, na Lei n.º17/2000 de 8 de Agosto[14].

No que respeita à regularização de dívidas à Segurança Social é útil referir que a mesma se encontra definida pelo DL n.º 411/91, de 17 de Outubro.

Assinale-se, por último, o DL n.º 64/89, de 25 de Fevereiro, que estabeleceu o regime das contra-ordenações no âmbito dos regimes de segurança social[15].

Face a este enquadramento é, facilmente, explicável a necessidade premente dos clubes desportivos (que desenvolvam ACA) em terem um plano de contabilidade específico que abranja todos os itens, proporcionando-lhes rigor e transparência no cumprimento das suas obrigações e no usufruto dos seus direitos (benefícios e isenções).

Bibliografia

CANOTILHO, J. J. Gomes e Moreira, Vital (1998) Constituição da República Portuguesa Coimbra Editora.

CAMPANIÇO, J. Pires (2002) – Regime Fiscal dos Donativos – Vida Económica.

---

[14] Ver ainda Decreto-Lei n.º 8-B/2002, de 15 de Janeiro.

[15] Ver ainda Decreto-Lei n.º 20-A/90, de 15 de Janeiro; Decreto-Lei n.º 140/95, de 14 de Junho; Lei n.º 15/2001, de 5 de Junho.

Decreto-Lei n.º 198/2001 de 7 de Julho.
Decreto-Lei n.º 287/2003 de 12 de Novembro.
Elo Associativo, n.º 9 (1999), N.º 17, 18, 19 (2001) Revista da Federação Portuguesa das Colectividades de Cultura e Recreio.
Estatuto dos Benefícios Fiscais Decreto-Lei n.º 215/89 e Lei n.º 87-B/98.
Estatuto das Colectividades de Utilidade Pública Decreto-Lei n.º 460/77 e Lei n.º 151/99.
Estatuto do Mecenato Decreto-Lei n.º 74/99 e Lei n.º 160/99.
Fiscal (2003) Porto Editora.
GUIMARÃES, J. Paulo (2001) – Regime Fiscal dos Clubes Desportivos com Estatuto de Utilidade Pública Dissertação de Mestrado em Ciências do Desporto, na Área de Especialização em Gestão Desportiva, FCDEF, UP.
Lei de Bases da Actividade Física e do Desporto (LBAFD) Lei n.º 5//2007, de 16 de Janeiro.
MEIRIM, José M. (1995) Clubes e Sociedades Desportivas Livros Horizonte.
MEIRIM, José M. (2000) Legislação no Desporto Coimbra Editora.
PEREIRA, Manuel H. Freitas (2005) Fiscalidade Almedina, Coimbra.
PINTO, José A. Pinheiro (2000) Fiscalidade Areal Editores.
PROFAC Decreto-Lei n.º 74/98.
SARMENTO, P. (1997) Sistema desportivo em final do século Revista Desporto.
TEIXEIRA, Glória (2001) – Estudos em Comemoração da FDUP Coimbra Editora.

"O PERFIL DO GESTOR DESPORTIVO"

José Pedro Sarmento de Rebocho Lopes
Faculdade de Desporto da Universidade do Porto

Introdução

Hoje é indiscutível que a Gestão Desportiva se assume como uma das principais áreas de intervenção profissional no contexto do Desporto (Pires e Sarmento, 2001). Depois da carreira de Professor de Educação Física, que durante o último século foi praticamente a única realmente reconhecida em termos do mercado genérico de trabalho, e da menos estruturada carreira de treinador desportivo, pelo menos em Portugal; a estabilização de uma carreira de Técnico Superior de Desporto na Função Pública reconhece o papel e a importância da Gestão Desportiva enquanto meio promotor do desenvolvimento social das populações. A definição profissional do Técnico Superior de Desporto corresponde a um conjunto muito diversificado de funções e tarefas especialmente centradas nos órgãos do Poder Local (Câmaras Municipais, Empresas Municipais e Juntas de Freguesia), situação que decorre da história do aparecimento e afirmação da Gestão Desportiva. Apesar desta área científica e profissional se ter desenvolvido primeiro no contexto das Ligas Profissionais nos Estados Unidos da América e no Canadá, o mesmo não aconteceu no continente Europeu. Aqui o processo esteve essencialmente ligado à implementação do "Desporto para Todos" ocorrendo fundamentalmente na lógica das estruturas públicas de nível nacional, regional e local (Pires e Sarmento, 2001).

Contexto organizacional

Um gestor desportivo tem de possuir antes de tudo o mais, um profundo e actualizado conhecimento do sistema organizacional em que o desporto se encontra estruturado, perceber quais os princípios fundamentais que regem toda a sua arquitectura, reconhecer os órgãos com as suas competências, responsabilidades, níveis de actuação e de interligação. O reconhecimento do sistema português deverá ser ainda reforçado e complementado, com a percepção da existência de outros quadros referenciais, em funcionamento não só nos países da União Europeia, como também nas restantes grandes potências mundiais, esclarecendo as competências do Estado nesta matéria, apreciando a evolução histórica e evidenciando os diversos modelos de coordenação e de intervenção sobre os principais agentes do fenómeno.

Neste contexto torna-se necessário realçar que a partir do 25 de Abril de 1974 a distribuição de funções e competências do Estado nesta matéria se processou por três níveis bem diferentes, a administração central, regional e local. A descentralização tem sido nos últimos trinta anos o grande factor de gestão no desporto nacional. Passou-se de um conceito de grande centralismo e controlo de todo o processo numa única Direcção Geral, ligada ao Ministério da Educação, para uma dispersão por diversos níveis, enfatizando o papel dos Governos Regionais e das Autarquias Locais. Sendo que em alguns âmbitos as Comissões de Coordenação Regionais e as Juntas de Freguesia têm também ganho um crescente protagonismo.

Este processo lento, mas claramente perceptível, de aproximação do poder de coordenação com as instituições e as populações directamente envolvidas, é do nosso ponto de vista uma linha estratégica de grande capacidade, capaz de provocar não só a mudança, como facilitar um desenvolvimento sustentado de todo o sistema desportivo nacional. Mas o Desporto possui uma dimensão e tradição fundamentalmente ligada com a sociedade civil, onde os cidadãos se organizam de forma autónoma em clubes e associações para dar resposta às necessidades de prática desportiva e sã convivialidade. A força de uma sociedade é hoje fortemente avaliada pela capacidade que esta possui de auto organização e funcionamento das suas estruturas de base, o Estado deve apenas intervir no sentido de garantir as condições mínimas, necessárias de funcionamento. O problema, no entanto, põe-se cada vez mais na definição dos limites desta intervenção e dessas condições mínimas. O movimento associativo desportivo possui uma complexidade muito própria, em que a representatividade dos clubes desportivos é garantida por factores de proximidade territorial e por modalidade desportiva estando previstas a existência de associações regionais, federações nacionais e federações internacionais.

A distribuição de competências na gestão das modalidades desportivas é garantida por um processo de democracia representativa, em que os órgãos de base têm acento e participação nos órgãos de cúpula imediatos, através de representação eleitoral. Esta estrutura piramidal tem permitido o desenvolvimento de uma cultura organizacional muito própria e que se caracteriza pelo estabelecimento de níveis e até castas de dirigentes que intervêm cada um a seu nível. Esta situação é a responsável pela existência de "lobbies" muito fortes que lutam pelo controlo das diversas instituições e sectores de funcionamento impondo uma cultura muito característica do mundo do Desporto. O Movimento Olímpico possuí dentro do sistema desportivo mundial uma grande autonomia, controlando através da sua força mediática e pujança económica algum ascendente sobre toda a prática desportiva planetária. O Olimpismo, graças aos valores da Carta Olímpica, poderá constituir-se num elemento chave da defesa de uma prática desportiva, devidamente protegida dos interesses mais obscuros da actual sociedade Pós-moderna. Em que o "dopping" e a corrupção são inimigos demasiado fortes e sempre acessíveis, a um conjunto muito alargado de interesses completamente fora dos valores que devem reger a pratica de um desporto para todos, onde os melhores deverão ser sempre, e nunca mais, do que um factor de promoção da amizade e da saúde dos povos.

Face à tradição do funcionamento do movimento associativo desportivo, de grande dependência relativamente ao voluntariado, e às actuais dificuldades financeiras, o lugar de Gestor Desportivo tem sido ocupado pelos dirigentes benévolos, o que coloca uma dúvida difícil de superar: são os dirigentes desportivos gestores desportivos? Em que se diferenciam uns dos outros? Esta situação está longe de estar clara, principalmente na comunidade académica ligada ao ensino da Gestão Desportiva. Em termos funcionais não nos parece que haja grandes diferenças a realçar. A designação de Gestor Desportivo, apenas tenta evidenciar a posse de uma formação académica específica e um vínculo laboral estável com remuneração financeira. Mesmo nas Ciências do Desporto alguma polémica tem sido levantada relativamente à necessidade de obtenção de uma formação específica, no contexto da gestão das organizações desportivas, facto que não impediu o aparecimento de licenciaturas em Gestão Desportiva e o estabelecimento de prerrogativas laborais diferenciadas entre os licenciados em ensino ou gestão. Relativamente à primeira situação defendemos que o estatuto remuneratório ou profissional não altera o perfil funcional, logo não somos a favor da oposição ou até mesmo separação das actividades desenvolvidas por Dirigentes ou Gestores. Aceitamos, contudo, que do ponto de vista etimológico algumas diferenças se possam estabelecer em torno da designação. Quanto à formação em Gestão Desportiva, pensamos que ela se consolidará progressivamente a par do reconhecimento do papel do Gestor Desportivo nas diversas estruturas dos sistemas desportivos e da administração pública e privada.

Para além do perfil funcional do Gestor Desportivo há que equacionar de forma realista qual o lugar que este devem ocupar nas organizações desportivas e também em que número. Por vezes exagera--se, afirmando que a presença do Gestor Desportivo nas organizações pode subalternizar ou evitar a presença de outros profissionais de formações diferenciadas. Não defendemos esta situação, pensamos que o trabalho em equipas pluridisciplinares é a forma mais estimulante e eficaz de atingir objectivos. No sector do Desporto, dada a sua riqueza em termos de variáveis das mais diversas origens, torna-se fundamental preparar os Gestores Desportivos para esse confronto permanente com outras profissões, não raras vezes com maior protagonismo e estatuto social. Há que garantir que os currícula sejam interdisciplinares como reflexo do aumento de complexidade do trabalho do Gestor Desportivo (Lambrecht, 1987), no sentido de optimizarem a sua actuação e conseguirem as intervenções mais adequadas.

Hoje o conceito de organização faz parte dos fundamentos básicos da nossa existência. Todos os aspectos da nossa vida em comunidade estão referenciados a formas de trabalho colectivo, em que o nosso esforço se encontra interligado com o de muitos outros, para que se atinjam os objectivos previamente seleccionados.

As organizações foram-se obviamente desenvolvendo ao longo dos tempos, ganhando em complexidade e capacidade de intervenção sobre a realidade envolvente. Os factores de sobrevivência foram os primeiros grandes objectivos das organizações humanas, posteriormente e durante muitos séculos a principal característica das organizações foi a defesa, salvaguardando essencialmente a segurança dos seus elementos e a confidencialidade das suas acções.

Com a Revolução Industrial a lógica da produção do trabalho foi profundamente alterada, arrastando uma alteração muito clara de todo o processo relacional dentro das empresas, e por empatia todo o sistema de comunicação formal e informal de todos empreendimentos sociais. Este processo de alteração das organizações foi fortemente acelerado pela disseminação das novas tecnologias informáticas, que vieram diminuir a intervenção humana como factor fundamental da produção primária, passando a exigir um diferente nível de intervenção, tendo por base, muito mais o controlo da produção e um crescente envolvimento nos sectores da transformação e dos serviços.

A realidade das organizações neste início de século corresponde a um modelo organizacional achatado, onde a estrutura piramidal com hierarquias muito definidas foi substituída por outra, com um menor número de elementos, onde as relações horizontais e o trabalho em equipa são privilegiados.

Assimilar esta realidade não está a ser uma tarefa fácil para a maioria das organizações do movimento associativo desportivo. Em primeiro lugar porque a chegada dos efeitos da revolução provocado pelas novas tecnologias da informação demoram aqui mais tempo a chegar, e porque os seus elementos dirigentes e estruturantes não possuem os conhecimentos necessários para promoverem as devidas alterações.

O desenvolvimento social não se desenrola de forma homogénea, bem pelo contrário, processa-se com fases de avanço e recuo até se atingirem períodos de consolidação. As organizações têm passado nos últimos tempos por fases de grande dinamismo, ao que certamente se seguirá um momento de maior acalmia. Muitos dos grandes pensadores da actualidade têm enfatizado nas suas teorias aspectos parcelares do funcionamento das organizações.

Peter Drucker considera que nas organizações o aspecto económico é ultrapassado pela dimensão social. Para este autor são as pessoas que compõem o principal elemento e objectivo, devendo o rentabilizar dos pontos fortes e o minimizar das fraquezas dos seus membros, constituir a grande prioridade organizacional. James Champy põe o acento tónico do funcionamento das organizações na necessidade constante de mudança, quer ao nível dos processos de negociação, da detecção de oportunidades, da definição de novas estratégias, das estruturas e das relações. Charles Handy defende que a evolução do conceito de organização fez desenvolver a importância do sentimento de propriedade psicológica dos membros, tornando-os no seu principal activo, o que recria todos os mecanismos de divisão e controlo de tarefas assim como todo o planeamento de carreiras (Pires, G. e Sarmento, J.P., 2001).

A distribuição e controlo de tarefas dentro de uma organização é o garante do sucesso, porque definida por uma estratégia previamente delineada vai exigir uma clara definição das fontes de decisão e dos canais de comunicação e de coordenação entre os seus membros. Assim, podemos assumir uma organização como um sistema interactivo de pessoas, cargos, relações e tarefas através dos quais se procuram atingir objectivos anteriormente escolhidos.

Segundo Gustavo Pires, o mundo do Desporto tem uma perspectiva tradicional do conceito de organização, o que vai condicionar de forma muito marcante o seu desenvolvimento. O conceito de Desenvolvimento Organizacional teve por base uma nova forma de estudar as organizações a partir de estudos de autores como March e Simon, no final dos anos cinquenta do século passado, focalizando a atenção sobre os objectivos, os processos internos e externos e os sistemas de comunicação. Assim, a organização passou a ser encarada como um corpo social, com vida e cultura próprias, onde se praticam estilos de administração e se constroem sistemas de organização do futuro.

O desenvolvimento organizacional é um processo de mudança planeado em que se pretendem alterar as condições culturais e estruturais da organização procurando as adaptações necessárias aos novos desafios, mantendo uma interacção entre a organização e o envolvimento sem subestimar a necessidade de integrar os objectivos individuais dos seus elementos na estratégia global da organização.

Com o Desenvolvimento Organizacional prosseguem-se objectivos como o equacionar das vocações e missões dos diversos organismos e subsistemas do Desporto (Desporto Federado, Desporto Escolar, a Administração Pública, A Autarquias, os Clubes, a Educação Física, etc.,), no sentido de encontrar e de procurar novos paradigmas organizacionais mais de acordo com um futuro melhor, para uma sociedade cada vez mais exigente.

Apresentação do estudo

Com o intuito de reflectir sobre o papel do Gestor Desportivo no contexto das organizações desportivas em Portugal, aplicamos um pequeno questionário aos sócios (650) da Associação Portuguesa de Gestão de Desporto (APOGESD), procurando caracterizar a classe através de indicadores sócio demográficos, nível de intervenção nas organizações e perfil funcional e relacional. O questionário, disponível no site oficial da APOGESD entre 20 e 30 de Abril de 2006, permitia a resposta directa a um conjunto de onze perguntas fechadas, tendo sido validadas 212 respostas. Na ausência de um número exacto, estimamos que actualmente o universo de gestores desportivos a actuarem em Portugal nos diversos contextos do sistema desportivo esteja na ordem dos vários milhares.

Dos 212 gestores que responderam 81% são homens e 19% mulheres, o que apesar de ainda demonstrar um grande desequilíbrio parece começar a revelar uma aproximação do sector feminino principalmente se tivermos em conta trabalhos anteriores no âmbito do dirigismo desportivo em Portugal (Oliveira, 2001). A média de idades da amostra é de 33 anos e cerca de 47% dos gestores que responderam situam-se entre os 20 e 30 anos, o que indicia uma classe sócio profissional muito jovem, ou seja com grande potencialidade de crescimento. Curiosamente a maior percentagem de gestores que pertencem ao vértice estratégico encontra-se no escalão etário entre 31 e 40 anos, o que poderá ser um dado muito interessante a estudar em situações futuras, tanto mais que no escalão etário mais elevado, com mais de 51 anos, se encontra o valor mais pequeno de participação nos órgãos de cúpula das organizações (Figura 1).

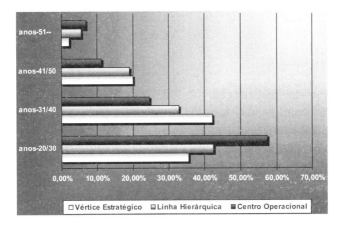

Figura 1. Relação Escalão Etário/Nível de Intervenção

Quanto à formação, a licenciatura mais representada já é a de Gestão do Desporto (22%), seguida pela de Educação Física (17%), mostrando claramente a preferência do mercado pela formação específica na área o que representa uma alteração do perfil em relação a trabalhos anteriores (Taks & Hebbrecht, 1996). É no entanto de realçar que 19% dos inquiridos possuem pós-graduações e mestrados demonstrando mais uma vez a dinâmica da classe e a vontade em procurar novos conhecimentos e melhorar a capacidade de intervenção. Parece claro, pela segmentação dos resultados relativamente ao nível de intervenção nas organizações, que a posse de estudos pós-graduados, mestrados e doutoramentos é factor para atingir os patamares mais elevados das estruturas organizativas (Figura 2).

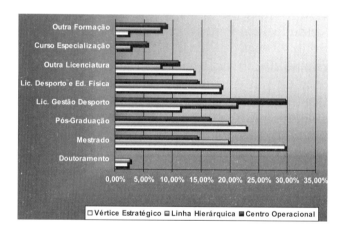

Figura 2. Relação Formação Académica/Nível de Intervenção

No que diz respeito ao local de trabalho, o Estado, através dos organismos centrais e das autarquias, emprega cerca de 40% da amostra, denotando uma tendência muito clara que não pode ser escamoteada: grande parte dos Gestores Desportivos estão directamente ligados à administração pública. Numa segunda linha aparecem três sectores com percentagens muito equilibradas: as Federações e Associações Desportivas (19%), a Iniciativa Privada (18%) e os Clubes (16%), o que revela que está ultrapassada uma fase em que por dificuldades económicas o movimento associativo desportivo parecia não conseguir recrutar técnicos especializados em Gestão Desportiva, pensamos mesmo que este número poderá e deverá continuar a crescer nos próximos anos. A Iniciativa Privada é neste contexto um referencial importante pois com o sentido da rentabilidade associada a este sector, um valor desta ordem (18%) revela certamente eficácia dos Gestores. Note-se que 43% dos gestores intermédios se encontram a trabalhar nas Autarquias enquanto é na Iniciativa Privada que os Gestores Desportivos atingem em maior percentagem o vértice estratégico das organizações (Figura 3).

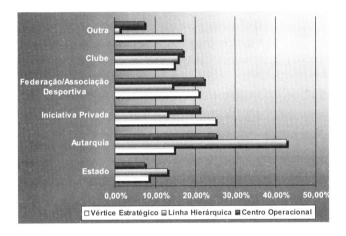

Figura 3. Relação Instituição/Nível de Intervenção

A juventude expressa em índices anteriores confirma-se não só pelo número de gestores que desenvolvem a sua actividade há menos de 5 anos (65%), como na sua distribuição pelos níveis de intervenção protagonizados por Mintzberg (1999) nas organizações: 44% no centro operacional, 34% na linha hierárquica e 21% no vértice estratégico. Convém, contudo, não esquecer que a Gestão Desportiva tem inerente a si própria um conjunto de funções de grande operacionalidade, o que obviamente lhe confere um modelo de intervenção muito específico. Observamos também um valor a não menosprezar para o grupo dos que estão ligados à actividade há mais de 10 anos (15%), expressando já uma interessante estabilidade no quadro da empregabilidade.

O facto de 60% dos inquiridos exercerem a actividade a tempo integral evidencia a sua importância dentro das organizações, sendo de realçar que o maior número de gestores desportivos a tempo parcial se encontra ao nível do centro operacional, o que pode ser uma consequência de uma possível fase de início de carreira.

A dimensão da gestão de recursos humanos tão característica da gestão das organizações desportivas (Horch & Schutte, 2003), é evidenciada na resposta à pergunta se coordena equipas de trabalho, ao que 64% dos gestores respondem afirmativamente. Destes, 47% lideram grupos de trabalho não superiores a 5 elementos e 16% coordenam equipas com dimensão superior a 16 elementos, o que justifica claramente uma formação muito sólida dos Gestores Desportivos nos pressupostos da implementação de processos de liderança eficazes. Além disso, mais de metade dos elementos das equipas de trabalho são colaboradores que possuem pelo menos o grau de licenciado (55%), parecendo que neste número haverá um importante grupo que deverá corresponder a Prof. de Educação Física ligados ao ensino das actividades desportivas, o que exige, também a este tipo de Gestor um domínio muito profundo do conjunto de princípios que regem a pedagogia e a didáctica do desporto.

As funções de gestão mais referenciadas em termos do desempenho no dia a dia dos Gestores Desportivos podem ser enquadradas em dois grupos: um primeiro em que fazem parte a Organização (23%), o Planeamento (23%) e a Coordenação (19%), e um segundo grupo constituído pelo Controlo (13%), Direcção (12%) e a Avaliação (10%). Ou seja, as principais actividades que os Gestores desenvolvem estão relacionadas com os processos administrativos que garantem a operacionalização de projectos nas suas diversas dimensões de concepção e execução controlando recursos humanos, financeiros e logísticos. A colocação num segundo patamar dos aspectos ligados com a chefia e a avaliação das equipas e dos produtos revela uma etapa ainda embrionária da procura de níveis de controlo da qualidade mais altos.

A distribuição percentual do tempo dos Gestores pelas oito actividades apresentadas (Figura 4) evidencia a importância da Gestão de Projectos e dos Recursos Humanos, seguidas pela Gestão de Eventos e de Instalações Desportivas. Curioso é que quando analisamos a segmentação por nível de participação na organização são os Gestores do vértice estratégico aqueles que dedicam mais tempo ao Marketing (15%), Gestão financeira (11%) e Turismo Desportivo (5%). A diferença relativa às áreas de responsabilidade entre os diversos níveis de intervenção tem sido referida em múltiplos trabalhos sobre este tema (Jamieson, 1987; Hafield et al., 1987).

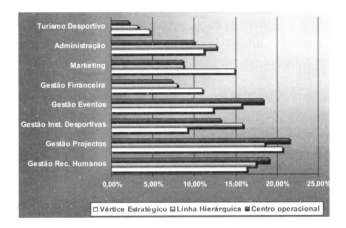

Figura 4. Relação Distribuição Percentual das Actividades/Nível de Intervenção

Conclusões

Os resultados encontrados nesta amostra confirmam a juventude da classe dos Gestores Desportivos em Portugal e demonstram que nos últimos anos se deu uma abertura interessante à participação das mulheres, aparecendo resultados com uma dimensão muito superior a todos os outros estudos até agora realizados. Constata-se também uma efectiva presença de Gestores Desportivos nos órgãos de cúpula das organizações, a qual não parece ser muito condicionada pela idade, evidenciando provavelmente mais a sua competência.

O mercado do emprego do Desporto parece estar a aceitar bem os licenciados em Gestão do Desporto, sendo este já o grupo de profissionais mais numeroso da amostra, destacando-se também um número expressivo de Gestores que tem procurado na formação pós graduada uma melhor capacitação.

Realce para o Estado enquanto principal empregador em número total de Gestores Desportivos. O nível em que os Gestores Desportivos mais actuam é o centro operacional, desenvolvendo preferencialmente tarefas de coordenação de equipas, sendo normalmente constituídas por elementos com pelo menos a formação de licenciados. A principal actividade desenvolvida pelos Gestores Desportivos está ligada à gestão de projectos, quer se caracterizem através de processos de desenvolvimento, eventos ou gestão de instalações desportivas.

Referências

HATFIELD, B.D.; Wrenn, J. P.; Breting, M. M. (1987). Comparison of job responsibilities of intercollegiate athletic directors and professional sport general managers. *Journal of Sport Management*, 1: 129-145.

HORCH, H. D.; Schutte N. (2003). Competencies of sport managers in German sport clubs and sport federations. *Managing Leisure*, 8, 70--84.

JAMIESON, L.M. (1987). Competency-based approaches to sport management. *Journal of Sport Management*, 1: 48-56.

LAMBRECTH, K. W. (1987). An analysis of the competencies of sport and athletic club managers. *Journal of Sport Management*, 1: 116-128.

MINTZBERG, H. (1999). *Estrutura e Dinâmica das Organizações*. Publicações D. Quixote, Colecção Gestão e Inovação. Lisboa. 2.ª edição.

OLIVEIRA, A. (2002). *Formação de Dirigentes Desportivos Voluntários – Um estudo realizado no Concelho do Porto em clubes que não possuem prática desportiva profissional*. Dissertação de mestrado. FCDEF . UP.

PIRES, G. e Sarmento, J.P. (2001). Conceito de Gestão de Desporto: Novos desafios, diferentes soluções. *Revista Portuguesa de Ciências do Desporto*. Vol. 1 n.º 1. pp. 88-103.

TAKS, M.; Hebbrecht, J. (1996). *Competencies of Sport Managers: an empirical analysis*. Faculty of Physical Education and Physiotherapie, K.U. Leuven, Bélgica. Não publicado.

A TRIBUTAÇÃO DO RENDIMENTO DOS PRATICANTES DESPORTIVOS

Maria Luísa Sacadura

O ESTATUTO DO PRATICANTE DESPORTIVO

Segundo a noção que transitou da primeira Lei de Bases do Sistema Desportivo ou Lei n.º 1/90, de 13 de Janeiro no seu artigo 14.º para a actual Lei de Bases da Actividade Física e do Desporto ou Lei n.º 5//2007, de 16 de Janeiro no artigo 34.º, o estatuto do praticante desportivo é definido de acordo com o fim dominante da sua actividade, entendendo--se como profissionais aqueles que exercem actividade desportiva como profissão exclusiva ou principal, auferindo por via dela uma retribuição.

Ora, consoante o modelo que o praticante profissional escolha, seja o do contrato de trabalho desportivo seja o do contrato de prestação de serviços quer se identifique mais com a situação do trabalhador dependente quer com a do independente ou própria do profissional livre, porque qualquer dos modelos proporciona rendimentos, é claro que isso há-de ter implicações em matéria de regime fiscal e de regime de segurança social.[1]

A TRIBUTAÇÃO DO RENDIMENTO DOS PRATICANTES DESPORTIVOS

Antes do IRS

O regime tributário dos praticantes desportivos foi definido, em sede de Imposto Profissional, pelo Decreto-Lei n.º 413/87, de 31 de Dezembro.

---

[1] Sacadura, Luísa, "Fiscalidade no Desporto"; pág. 15.

O seu aparecimento está justificado no preâmbulo do aludido diploma. Aí se reconhece que *"o fenómeno desportivo é, pelas suas especificidades próprias, uma matéria de difícil tratamento e enquadramento normativo, o que exige do legislador uma particular atenção às condições e circunstâncias em que se desenvolve esta actividade.*

A fiscalidade assume, neste contexto, aspectos muito peculiares que merecem soluções algo diversas das que constituem os regimes gerais, mas que, de uma forma clara, coarctem a existência de lacunas derivadas da falta ou inadequação dos instrumentos legais às particularidades e circunstancialismos que rodeiam a actividade desportiva.

Há, pois, que introduzir a necessária moralização neste sector o que passa não só pela aceitação de um tratamento especial para a situação dos agentes desportivos praticantes mas também pela criação de mecanismos que incutam verdade e transparência em todo o processo e melhorem a eficácia do combate à evasão fiscal".

Com a publicação deste diploma introduziu-se no Código do Imposto Profissional um regime tributário adaptado à especificidade da actividade dos desportistas, especialmente dos de alta competição, tendo em vista o esforço desenvolvido numa carreira de curta duração.

Assim, para efeitos de apuramento da matéria colectável, passou a ser deduzida aos rendimentos declarados a totalidade das importâncias despendidas com a constituição de seguros de vida, de fundos de pensões e com outras formas de previdência.

Simultaneamente, seria de exigir às entidades utilizadoras dos serviços dos agentes desportivos praticantes uma contabilidade devidamente organizada, nos termos a definir pela DGCI, atentos, designadamente, a dimensão e o volume do respectivo movimento financeiro, por forma a permitir o controle dos rendimentos declarados através de adequada fiscalização, prescrevendo-se, por outro lado, mecanismos sancionatórios.

Pelo IRS

A ideia de protecção dos praticantes desportivos através da dedução dos seguros passou para o IRS, ficando acolhida no artigo 30.º do Código.

Com efeito, aí se admitiu a dedução, na totalidade, aos rendimentos dos contribuintes que desenvolvam profissões de desgaste rápido[2] das importâncias despendidas na constituição de certos seguros.

Quais são eles?

São os seguros de doença, de acidentes pessoais, de seguros que garantam pensões de reforma, de invalidez ou de sobrevivência e também de seguros de vida porém desde que não garantam o pagamento e este não se verifique, nomeadamente, por resgate ou adiantamento, de qualquer capital em vida durante os primeiros cinco anos.

Na realidade, todos estes seguros serão integralmente dedutíveis ao rendimento do titular mas só se este tiver feito uma determinada opção: **a opção pelo englobamento**.

REGIME TRANSITÓRIO APLICÁVEL AOS RENDIMENTOS DE 1989 A 1991

Ficou consagrado no artigo 18.º da nossa primeira Lei de Bases do Sistema Desportivo – Lei n.º 1/90, de 13 de Janeiro – que *"o regime fiscal para a tributação dos agentes desportivos praticantes é estabelecido de modo específico, de acordo com parâmetros ajustados à natureza de profissões de desgaste rápido"* (n.º 1):

Daqui se depreende que os praticantes desportivos deviam ficar sujeitos, a um **regime fiscal especial**, ajustado à natureza de uma profissão de desgaste rápido.

Porquê? Porque a sua carreira é de curta duração e porque a sua profissão lhes causa um rápido desgaste.

Todavia, se não saiu logo o tal regime fiscal especial (definitivo) apareceu um Regime Transitório.

Acontece que o Código do IRS, na versão aprovada pelo Decreto-Lei n.º 442-A/88, de 30 de Novembro, não contemplava qualquer regime especial para a tributação dos rendimentos auferidos por praticantes desportivos em resultado da prática desportiva.[3]

---

[2] Para efeito deste artigo 30.º *"consideram-se como profissões de desgaste rápido as de praticantes desportivos, definidos como tal no competente diploma regulamentar, e as de mineiros"*.

[3] FAUSTINO, Manuel: "IRS – Teoria e Prática", pag. 85.

Foi então através da Lei n.º 29/89, de 23 de Agosto da Assembleia da República que o Governo foi autorizado a criar, relativamente ao IRS, esse tal Regime Transitório.

E, no uso daquela autorização legislativa, foi publicado o Decreto-Lei n.º 95/90, de 20 de Março.

Que fez ele?

Aditou o artigo 3.º-A ao diploma que aprova o Código do Imposto Sobre o Rendimento das Pessoas Singulares.

Com efeito, sob a epígrafe *"Regime Transitório de Enquadramento dos Agentes Desportivos"* foi, assim, instituído um Regime Especial de Tributação justificado, segundo o relatório do Decreto-Lei n.º 95/90, de 20 de Março, pelo facto de o alto nível competitivo que se exige dos agentes desportivos limitar a sua carreira a um curto período de vida activa, período que pode ainda ser reduzido por factores aleatórios que se repetem com indesejável frequência na actividade desportiva e as regras gerais fiscais não prevenirem a especificidade das carreiras de curta duração e forte concentração de rendimentos.

O regime instituído, limitado a três anos – 1989, 1990 e 1991 – seria aplicável aos que, em resultado da prática de uma actividade desportiva, aufiram rendimentos dela directamente derivados, seja por força de contrato de trabalho (entram na categoria A do IRS) seja em regime de trabalho independente (pertencem à categoria B do mesmo imposto).

Deste regime ficavam expressamente excluídos os docentes, treinadores, árbitros, secretários técnicos, pessoal médico e paramédico, dirigentes desportivos e outras pessoas que, de uma forma directa ou indirecta, interviessem em qualquer actividade desportiva.

Mas vejamos em que consiste este Regime Transitório.

O sujeito passivo, nos termos do n.º 2 do Artigo 3.º-A do Decreto-Lei n.º 442-A/88, de 30 de Novembro (é o que aprova o Código do IRS) podia optar quanto aos rendimentos derivados exclusivamente da prática desportiva:

– pelo Regime do Englobamento Parcial ou
– pelo Regime da Tributação Autónoma.

O que significava uma ou outra opção?
É o que passamos já a explicitar.

a) REGIME DO ENGLOBAMENTO PARCIAL

Ia juntando parte do rendimento da actividade desportiva aos outros rendimentos que possuísse. Assim:

– Englobava apenas 50% no ano de 1989;
– Já englobava 75% em 1990;
– Tinha de englobar tudo – os 100% em 1991.

Quer dizer, traduzia-se na exclusão tributária de uma percentagem dos rendimentos auferidos (50% no que respeita a 1989 e 25% no que concerne a 1990). Mas como o englobamento era e é o **Regime Geral** o sujeito passivo desportivo tinha direito:

– à dedução específica prevista no artigo 25.º quanto aos rendimentos da categoria A e
– ainda à dedução pela totalidade dos prémios de seguros previstos no artigo 30.º do CIRS.

b) REGIME DA TRIBUTAÇÃO AUTÓNOMA

Significava a tributação dos rendimentos ilíquidos auferidos exclusivamente na sua actividade desportiva, mediante a aplicação ao rendimento das taxas correspondentes a um quinto, um quarto e um terço – com referência aos anos de 1989, 1990 e 1991, respectivamente – das que seriam aplicáveis segundo o disposto no artigo 71.º do Código.

Quando fosse feita esta opção, ao imposto devido, calculado nos termos gerais, quando o mesmo existisse, adicionava-se o imposto calculado autonomamente e relativo à actividade desportiva.

A este apenas seriam deduzidos os pagamentos por conta e as importâncias retidas na fonte, referentes ao mesmo período de tributação.

A opção pela Tributação Autónoma implicava:

1. Que a tributação incidia sobre **rendimentos ilíquidos**, ou seja, não seriam admitidas, como deduções, quaisquer despesas suportadas no exercício da actividade conducente à produção do rendimento;

2. A perda do direito de deduzir ao rendimento, na totalidade, as importâncias despendidas na constituição dos seguros previstos no artigo 30.º do CIRS.

Deste Regime Transitório não beneficiavam os rendimentos provenientes de publicidade nem os auferidos pelo cônjuge que não fosse agente desportivo.

PRORROGAÇÃO DO REGIME TRANSITÓRIO MAS ADAPTADO A 1992 E DEPOIS A 1993, 1994, 1995, 1996 e 1997

Terminado o ano de 1991, como não fora publicado nenhum regime fiscal especial (definitivo), o Regime Transitório ia prosseguir.

Assim, a Lei n.º 2/92, de 9 de Março que aprovou o Orçamento do Estado para 1992, deu nova redacção ao artigo 3.º-A referente ao Regime Transitório de enquadramento dos agentes desportivos.

Estes puderam continuar, em 1992, a optar pelo Regime de Tributação Autónoma dos Rendimentos ou pelo Englobamento.

Foi, pois, "prorrogado" um regime que nascera transitório e para durar **apenas três anos**. Houve, por isso, que adaptar a redacção do preceito que o previa.

Efectivamente, a partir de 1992, os agentes desportivos puderam continuar a optar por um dos seguintes regimes:

a) **Tributação Normal** por englobamento dos rendimentos auferidos na sua actividade desportiva.
Nos anos de 1992, 1993, 1994, 1995 e 1996: a retenção na fonte sobre rendimentos da categoria A (que significa trabalho dependente) seria feita mediante a aplicação das tabelas de retenção, anualmente aprovadas, previstas no Decreto-Lei n.º 42/91, de 22 de Janeiro;

b) **Tributação Autónoma** dos rendimentos ilíquidos auferidos exclusivamente na sua actividade desportiva.

Aqui há que distinguir:

Anos de 1992 e 1993 – Um terço da taxa do imposto aplicável. A retenção na fonte fez-se a uma taxa de 12%.

A partir de 1994 deixa de ser um terço e passa a **50%** da taxa aplicável. Também a retenção na fonte sobre estes rendimentos seria um pouco agravada já que subiria para a taxa de 18%.

A situação manteve-se nestes moldes em 1995, 1996 e 1997, portanto com as características que passou a ter a partir de 1994.

A ALTERAÇÃO PARA 1998 É TAMBÉM APLICÁVEL A 1999, 2000, 2001 E 2002

Para 1998, registou-se uma pequena alteração[4] na redacção do art. 3.º-A (do DL n.º 442-A/88).

Com efeito, o n.º 6 deste artigo passou a ficar assim:

Artigo 3.º-A

....

6 – "Para os efeitos do disposto neste artigo, consideram-se agentes desportivos os praticantes e os árbitros que aufiram rendimentos directamente derivados de uma actividade desportiva, por força de contrato de trabalho ou em regime de trabalho independente".

Quer dizer, o Regime Transitório de Tributação em IRS passou a abranger também os árbitros que estavam desde o início do regime expressamente excluídos do mesmo.

E em 1999, 2000, 2001 e 2002 continua a ser aplicado aos agentes desportivos – os praticantes e os árbitros – o regime previsto no artigo 3.º-A.

E CHEGA 2003

A Lei n.º 32-B/2002, de 30 de Dezembro que aprova o Orçamento do Estado para 2003, consagra uma nova redacção do artigo 3.º-A. Vamos transcrevê-la:

---

[4] Pela Lei n.º 127-B/97, de 20 de Dezembro que aprovou o Orçamento de Estado para 1998.

"Os rendimentos auferidos por praticantes desportivos em virtude de contratos que tenham por objecto a prática da actividade desportiva serão, conforme a opção dos interessados, tributados segundo um dos seguintes regimes:

Ano de 2003:

a) Englobamento dos rendimentos da sua actividade.
   Neste caso, a retenção será efectuada mediante a aplicação das tabelas de retenção previstas no DL n.º 42/91, de 22 de Janeiro. Podem ser deduzidos os prémios de seguros previstos para as profissões de desgaste rápido.
b) Tributação Autónoma dos rendimentos ilíquidos auferidos exclusivamente na sua actividade desportiva mediante aplicação da taxa e parcela a abater correspondentes a **60%** das taxas aplicáveis, nos termos do art.68.º do Código do IRS[5]
   Aqui não podem ser deduzidos os prémios de seguros previstos para as profissões de desgaste rápido.
   Quanto à retenção ela será efectuada à taxa de 22%.

ANOS de 2004, 2005 e 2006

Tudo se mantém com excepção da percentagem que vai crescendo ano a ano. Deste modo:
Na tributação autónoma dos rendimentos ilíquidos exclusivamente da actividade desportiva:

→ em 2004: a percentagem foi de **70%**

→ em 2005: a percentagem foi de **80%**

→ em 2006: a percentagem foi de **90%**

---

[5] Esta percentagem será incrementada anualmente em 10 pontos percentuais até se **atingir o regime de tributação normal**, diz o n.º 7 da nova redacção dada ao artigo 3.º-A.

ANO DE 2007

Em 2007, a percentagem atinge os **100%** o que significa que, com o decurso do tempo, se alcançou o regime de tributação normal.

Aliás, a Lei n.º 53A /2006, de 29 de Dezembro que aprovou o Orçamento do Estado para 2007 nada refere sobre o assunto, sendo omissa qualquer nova redacção ao artigo 3.º A relativo ao Regime Transitório de enquadramento dos agentes desportivos.

Depois de ter passado em revista a evolução legislativa que se foi verificando na redacção do artigo 3.º-A que continha o Regime Transitório de Tributação dos praticantes desportivos, justifica-se que fique assinalado aqui, uma tentativa da qual também protagonizámos, visando a criação do respectivo regime especial definitivo.

TENTATIVA DE INSTITUIR O REGIME ESPECIAL DE TRIBUTAÇÃO PARA PRATICANTES DESPORTIVOS PROFISSIONAIS, NÃO PROFISSIONAIS E DE ALTA COMPETIÇÃO.

CRIAÇÃO DE UM GRUPO DE TRABALHO

Pelo Despacho Conjunto dos Ministros das Finanças e da Educação, n.º 47-A/MF/ME/93, publicado no Diário da República, II Série, n.º 140, de 17 de Junho de 1993, foi constituído um Grupo de Trabalho.

Foi seu objectivo analisar e propor as medidas necessárias ao desenvolvimento do quadro jurídico decorrente da Lei de Bases do Sistema Desportivo, adequando o sistema fiscal a este novo quadro.

O referido Grupo integrou dois elementos pela extinta DGD, ou INDESP (à data do Despacho Conjunto), em representação do Ministério da Educação e dois elementos da Direcção – Geral das Contribuições e Impostos, em representação do Ministério das Finanças.

Foi, portanto, composto pelos Drs.:

- José Rodrigo de Castro – Sub-Director do S.A.I.R;
- José Manuel da Silva – Sub-Director da Fiscalização Tributária;
- José Manuel Chabert – Responsável pelos Serviços Jurídicos do INDESP/DGD

- Maria Luísa Sacadura que coordenou, em representação do INDESP.

O Grupo contou ainda com a prestimosa e muito válida colaboração do Dr. Manuel Faustino, na altura a desempenhar o cargo de Director de Serviços do IRS.

Desde o início dos trabalhos foi preocupação do Grupo tratar, com muito cuidado, dois assuntos: um, relativo à tributação dos praticantes desportivos e outro referente ao Plano de Contas Sectorial para as Federações e Associações.

Peguemos no primeiro porquanto o segundo assunto, reforçado que foi o Grupo, levou bem a cabo o seu trabalho.

Assim, em devido tempo o Grupo de Trabalho elaborou, entre outros, uma **Nota Justificativa** que continha a solução legislativa que o Grupo propunha introduzir nos diversos diplomas legais, objecto de alteração, a saber: no Código do IRS, no Decreto-Lei n.º 42/91, de 22 de Janeiro e no Estatuto dos Benefícios Fiscais.

Da Nota Justificativa, com data de 17/09/1993, extraímos apenas o que se segue:

> "... *1. A metodologia subjacente assentou nos seguintes princípios fundamentais:*
>
> > a) *Adequação genérica da solução decorrente do Regime Transitório que esteve em vigor durante os anos de 1989 a 1993 para a tributação dos rendimentos auferidos pela prática de uma modalidade desportiva, designadamente na sua última modalidade;*
> > b) *Transformação do Regime Transitório em regime estrutural e definitivo;*
> > c) *Eleição da Lei de Bases do Sistema Desportivo, a Lei n.º 1/90, de 13 de Janeiro, apesar de não totalmente regulamentada, como critério básico de definição e interpretação do regime fiscal a consagrar, tanto ao nível do conteúdo e do âmbito desse regime, como ao nível da terminologia utilizada;*
> > d) *Beneficiação expressa, dentro do regime fiscal a consagrar, dos rendimentos auferidos por praticantes desportivos de alta competição.*

....
3. A opção expressa neste documento foi a de integrar no Código do IRS e diplomas complementares o regime estrutural e definitivo aplicável, no entanto sempre por opção dos respectivos titulares, aos rendimentos provenientes do exercício de uma modalidade desportiva".

TENTATIVA GORADA: A REDUÇÃO DOS BENEFÍCIOS FISCAIS NO O. E. PARA 1994

Ficou-se à espera da cessação do Regime Fiscal Transitório do enquadramento dos agentes desportivos. Para isso, seria necessário que ficasse incluso na respectiva proposta de Lei do Orçamento para 1994, o Regime Especial de Tributação para praticantes desportivos profissionais, não profissionais e de alta competição.

Nesse sentido, se cumpria um dos objectivos que nortearam a constituição oficial do Grupo de Trabalho oriundo do Despacho Conjunto n.º 47-A dos dois Ministérios.

Ora, ao tomarmos conhecimento, no princípio do mês de Outubro de 1993 que a proposta de Lei do Orçamento para o ano seguinte consignava no art. 3.º A do CIRS uma redacção, a nível da Tributação Autónoma, em que a taxa do imposto e da respectiva parcela a abater passariam a corresponder não a um terço mas a 50% da taxa a aplicar, verificando-se um agravamento da taxa de retenção na fonte que deixava de ser 12 % para passar a ser 18 %, ficámos surpreendidos.

De facto, o que se continha na aludida Proposta de Lei era algo:

- que não coincidia com o resultado do Grupo de Trabalho e
- que se ia manter o mesmo Regime Transitório que o era desde 1989.

Em suma, ficava deste modo postergado todo o trabalho levado a cabo pelo Grupo.

Contudo, esta medida era mais uma a juntar a outras que fariam do O.E para 1994 aquele que reduziu benefícios fiscais.

O.E PARA 1996: CONSAGROU MEDIDA PRECONIZADA PELO GRUPO DE TRABALHO

Decorrido todo este tempo, veio a Lei n.º 10-B/96 que aprovou o Orçamento do Estado para 1996 tomar duas medidas relativamente ao IRS que respeitam aos praticantes desportivos.

A primeira consiste, como atrás se deixou referido, na manutenção do mencionado Regime Transitório com as características que lhe foram imprimidas a partir de 1994.

Com efeito, outra solução ou mesmo a que o Grupo de Trabalho tinha proposto requeria uma reflexão que não pôde verificar-se no tempo útil de que o Governo de então dispunha para elaboração da sua Proposta de Orçamento.

Mas pôde sim consagrar a segunda medida.

Assim, no artigo 13.º do CIRS (corresponde ao artigo 12.º n.º 5 na actual versão do Código em 2007) que faz a delimitação negativa de incidência deste imposto ficou aditado o seguinte:

Artigo 13.º
....

5 – O IRS não incide sobre os prémios atribuídos aos praticantes de alta competição, bem como aos respectivos treinadores, por classificações relevantes obtidas em provas desportivas de elevado prestígio e nível competitivo, como tal reconhecidas pelo Ministro das Finanças e pelo membro do Governo que tutela o desporto, nomeadamente jogos olímpicos, campeonatos do mundo ou campeonatos da Europa, nos termos do Dec. Lei n.º 125/95, de 31 de Maio e da Portaria n.º 953/95, de 4 de Agosto.

BIBLIOGRAFIA

Sacadura, Maria Luísa, "Fiscalidade no Desporto", Erasmos Editora, Lisboa 1996
Fautino, Manuel, "IRS – Teoria e Prática", Edifisco, Lisboa 1993

O REGIME JURÍDICO DO DESPORTO PROFISSIONAL

Maria José Carvalho[1]

SUMÁRIO[2]: **1**. Preliminares; **2**. Desporto profissional *vs* Desporto não profissional: a fronteira jurídica; **3**. Da actividade legislativa referente ao desporto profissional; **3.1**. Dos primeiros elementos normativos; **3.2**. Do erigir do regime jurídico; **3.3**. Da consolidação do regime jurídico; **4**. Os elementos fundamentais deste regime; **5**. Remate final.

1. Preliminares

No último terço do século XIX, Pierre de Coubertin alimentava a quimera de reconstituir os Jogos Olímpicos da era antiga. Um dos acontecimentos marcantes para a concretização deste seu sonho foi a realização do Congresso Internacional de Paris de 1892, cujo mote assentou no amadorismo, e no qual aquele barão francês conseguiu a aprovação do projecto de restabelecimento dos Jogos Olímpicos.

Como é consabido, a participação dos atletas neste acontecimento desportivo apenas era permitida aos que não auferissem qualquer remuneração através da prática da modalidade em que intervinham.

O amadorismo, recuperando as palavras de Pierre de Coubertin, *admirable momie qu' on pourrait transporter au musée de Boulak comme spécimen de l'embaumement moderne*, resistia, segundo ele, há meio

---

[1] Assistente da Faculdade de Desporto da Universidade do Porto. Mestre em Ciências do Desporto. Advogada.

[2] Não incluímos qualquer ponto específico para as referências bibliográficas por termos optado inseri-las em nota de rodapé ao longo do texto.

século às manipulações incessantes de que era alvo e permanecia intacto[3]. Foram estes os tempos que deram início a uma querela inacabável do amadorismo *vs* profissionalismo, com autores de diferentes áreas, em diversos pontos do globo a esgrimirem ao longo dos anos o melhor que sabiam em prol da sua bela dama. Não se circunscreve aos objectivos do presente trabalho delinear este percurso, porém não resistimos em referir citações de dois autores, até como simples aperitivo para as páginas que se seguem, para os quais o profissionalismo era totalmente proscrito.

Começamos por CARL DIEM, criador do percurso do facho olímpico e Secretário Geral do Comité Organizador dos Jogos de Berlim, que em 1938 ousou afirmar sem tibiezas:

Amateurism fosters sport, professionalism kills it.

E num texto que seria para discorrer acerca da Secção anual do Comité Olímpico Internacional e que foi dominado pela paixão pelo amadorismo, continuou o seu pensamento escrevendo: (...) *Professionalism absorbs the vitality of amateurism and leaves only the empty shell. With the development of professionalism amateurism dies, and then professionalism also declines rapidly following its most flourishing period, because new talent has not been developed in the youth.*

Entre nós, SÍLVIO LIMA (1904-1993), ilustre Professor da Universidade de Coimbra e o primeiro catedrático a debruçar-se sobre a análise filosófica e sociológica do desporto, num dos seus trabalhos praticamente datado daquele de CARL DIEM e intitulado Desportismo Profissional[4], expressava--se no mesmo sentido: *1.º O desporto não é uma profissão; é um «otium um dignitate», um lazer bem aplicado, uma nobre superficialidade... necessária; 2.º O «desportismo profissional» representa a negação intrínseca e a ruína do próprio desporto; socialmente, um perigo ético. O desporto deve ser sempre um amadorismo.*

Por conseguinte, não é de estranhar que anos mais tarde no 1.º Congresso Internacional de Direito do Desporto[5], uma parte importante

---

[3] PIERRE DE COUBERTIN, Comment furent fondés les Jeux Olympiques, Revue Oympique, Octobre, 1943, n.º 22, pp. 7-13 (p. 9).

[4] O livro "Desportismo profissional: desporto, trabalho e profissão", de autoria de SÍLVIO LIMA foi pela primeira vez publicado pela Inquérito, Cadernos Inquérito, Pedagogia 1, Lisboa, 1939. Em 1987 foi reeditado pela Direcção-Geral dos Desportos, Desporto e Sociedade, Antologia de Textos, n.º 75.

[5] Pouco tempo antes dos Jogos Olímpicos da XIX.ª Olimpíada, a Universidade Nacional do México organizou no seu país este Congresso como nos relata LUC

deste evento tenha sido consagrada ao problema do amadorismo e do profissionalismo, considerados um e outro facetas do direito social.

E ainda que nos pareça inacreditável, somente na Secção do Comité Olímpico Internacional de 1986 foi decidido abrir a possibilidade para a participação de alguns atletas profissionais, mas apenas em certas modalidades. Mas a liberalização total neste domínio só se verificaria anos mais tarde, pois de forma explícita e sem reservas, apenas na Carta Olímpica de 1991 foi estatuído que a participação de um competidor nos Jogos Olímpicos não poderia estar condicionada por nenhuma consideração financeira[6].

Independentemente do desporto ser praticado como modo de vida ou como simples fruição, foi inevitável a sua mundialização, primeiro com a rádio (anos 20 do séc. XX), depois a televisão (transmissão em 1964 dos Jogos Olímpicos de Tóquio), que associadas à explosão das marcas comerciais do pós-guerra, construíram o triângulo mágico: desporto-*media*-empresas, transformando-o num dos mais apetecíveis espectáculos contemporâneos. Espectáculo este que extravasou os limites dos recintos desportivos onde efectivamente se produzia para chegar a casa de cada um de nós, aos locais de trabalho ou de convívio através dos mais sofisticados meios tecnológicos. E, inevitavelmente, esta mediatização e comercialização implicaram a profissionalização, não apenas dos seus principais protagonistas, os praticantes desportivos, mas de diversos recursos humanos que concorreram para a afirmação e sustentabilidade do desporto profissional. Daí ser bem compreensível a afirmação de JOSÉ MANUEL CONSTANTINO de que *o jogo e a competição são cada vez menos para os que os protagonizam e mais para os que deles se apropriam. Os que a ele assistem, como espectadores, como comentadores, como empresários, como dirigentes, como accionistas*[7].

A visão do desporto enquanto fonte de trabalho, outrora aviltante e contraditória, é hoje reconhecida e aceite como natural e até necessária para a conquista da excelência num sector da vida social com especi-

---

SILANCE, Sport international et droit social, Revue Oympique, disponível no endereço electrónico http://www.aafla.org/5va/review_frmst.htm.

[6] Cfr. texto de aplicação da norma 45 da Carta Olímpica de 1991.

[7] JOSÉ MANUEL CONSTANTINO, Desporto e efeitos perversos: os jogos à margem do jogo, In: Horizontes e órbitas no treino dos jogos desportivos, Júlio Garganta (Ed.), pp. 175-182 (p. 175).

ficidades, mas equiparável a qualquer outra actividade humana. Porém, será este carácter da profissionalidade dos praticantes desportivos que nos leva a considerar a existência inquestionável, nos tempos actuais, de um subsistema desportivo qualificado como profissional? Não existirão praticantes desportivos que auferem rendimentos derivados dessa prática no denominado desporto amador? Quais serão as prerrogativas que diferenciam o desporto amador do desporto profissional?

Bem sabemos que não é fácil para qualquer cidadão, nem mesmo para aqueles mais directamente relacionados com o desporto, assistirem a competições, entre outras, de hóquei em patins, de voleibol, de basquetebol, de triatlo, ou de futebol, e definirem de forma precisa e correcta se estão em presença de uma competição reconhecida como profissional, ou não. Tanto mais difícil será realizar esta tarefa se pensarmos que qualquer prática desportiva pode ser perspectivada sob várias vertentes, tais como a política, a cultural, a sociológica ou a económica.

Para nós, contudo, a perspectiva de análise repousa na vertente jurídica, e consequentemente será a partir dos postulados normativos que nortearemos esta investigação. Depois de nos debruçarmos sobre a fronteira jurídica entre o desporto amador e o desporto profissional, o nosso enfoque irá incidir sobre a realidade do desporto profissional, no sentido de encontramos respostas para esta pergunta inicial[8]: acolherá o nosso ordenamento jurídico-desportivo normas específicas que distingam claramente o desporto profissional do desporto não profissional?

Aferiremos neste trabalho quais as modalidades que do ponto de vista jurídico, têm as suas competições reconhecidas como profissionais, mas, como objectivo principal, iremos, a montante, traçar o percurso legislativo do desporto profissional e a jusante especificar concretamente os elementos fundamentais que o permitem caracterizar como tal. Será certamente uma visão panorâmica, mas que nos permitirá a final averiguar se, a partir da normação pública, poderemos encarar o desporto profissional como um subsistema desportivo dotado de um regime jurídico que o diferencie claramente dos demais.

---

[8] Para qualquer investigação temos de ser movidos por inquietações, por questões que pretendemos aclarar, elucidar e compreender melhor, como tal é fundamental formularmos uma pergunta inicial que sirva de fio condutor para o trabalho que pretendemos desenvolver, tal como é bem ilustrado no livro de RAYMOND QUICY e LUC VAN CAMPENHOUDT, Manual de Investigação em Ciências Sociais, Gradiva, 2.ª edição, 1998, pp. 31-46.

2. Desporto profissional *vs* Desporto não profissional: a fronteira jurídica

Tal como assevera JOÃO LEAL AMADO, *se o séc. XX foi o século do desporto, ele foi também indiscutivelmente, o século do triunfo do desporto profissional*[9], e *a última década do século terá sido, entre nós, a década do direito do desporto*[10]. Não é que antes de 1990 não existissem indicadores significativos da fluorescência deste novel ramo do Direito, mas efectivamente a publicação da primeira Lei de Bases do Sistema Desportivo, Lei n.º 1/90, de 13 de Janeiro, foi elemento catalizador da profusão legislativa actual. Concomitantemente, a produção jurisprudencial já existente continuou a aumentar[11], assim como se registou a emergência doutrinal focada nesta área do conhecimento[12].

Por conseguinte, antes de passarmos ao cerne do nosso trabalho e às respostas para a questão inicial por nós formulada, será crucial desde já averiguarmos se, no acervo legislativo ulterior a 1990, encontramos alguma disposição normativa que traduza uma noção de desporto profissional. Foi, efectivamente, no diploma que revogou aquela primeira lei de bases que conseguimos atingir tal desiderato[13]. Assim preceituava

---

[9] JOÃO LEAL AMADO, Vinculação versus Liberdade. O processo de constituição e extinção da relação laboral do praticante desportivo, Coimbra Editora, 2002, p. 31.

[10] Como na nota anterior, p. 26.

[11] Como podemos verificar na colectânea de jurisprudência elaborada por JOSÉ MANUEL MEIRIM, O Desporto nos Tribunais, Centro de Estudos e Formação Desportiva, 2001, a maioria das decisões judiciais, aqui incluídas, são ulteriores a 1990. Desde 2003, com a publicação da Revista Desporto & Direito, Revista Jurídica do Desporto, Coimbra Editora passamos a dispor quadrimestralmente de uma crónica de jurisprudência que referencia variadas sentenças e acórdãos, nacionais e provenientes dos órgãos judiciais comunitários, atinentes ao desporto.

[12] Acerca da autonomia do Direito do Desporto, assim como de múltiplos aspectos decorrentes do binómio Direito e Desporto, dispomos do trabalho de JOSÉ MANUEL MEIRIM, Desporto e Direito ou Direito do Desporto? Temas de Direito do Desporto, Coimbra Editora, 2006, pp. 233-279. Importa ainda registar o trabalho também deste autor intitulado O Direito do Desporto em Portugal: uma realidade com história, Temas de Direito do Desporto, Coimbra Editora, 2006, pp. 503-539, que é bem elucidativo quanto à importância da Lei de Bases do Sistema Desportivo na história do Direito do Desporto em Portugal.

[13] Lei n.º 30/2004, de 21 de Julho. Para uma análise acerca do desporto profissional nesta lei remetemos para o artigo de MARIA JOSÉ CARVALHO, A Actividade Desportiva Profissional na Lei de Bases do Desporto em Portugal, Revista Brasileira de Direito Desportivo, Ano IV, n.º 7, Jan-Jun 2005, pp. 136-153.

o artigo 60.º da Lei de Bases do Desporto, sob a epígrafe "Actividade desportiva profissional":

Actividade desportiva profissional é aquela no seio da qual se desenrolem competições desportivas reconhecidas como tendo natureza profissional.

Claro está que esta definição legal nos reportava para uma outra que nos elucidasse acerca do que é que se entendia por competição reconhecida como profissional, e por isso nos detivemos na norma seguinte desta lei, artigo 61.º (Competições profissionais), n.º 3:

Consideram-se competições de natureza profissional aqueles quadros ou grelhas competitivas que, integrando exclusivamente clubes e praticantes profissionais, correspondem aos parâmetros para tal definidos pela liga profissional ou entidade análoga respectiva e são, por tal razão, reconhecidas por despacho do membro do Governo que tutela a área do desporto, após parecer do Conselho Superior de Desporto, nos termos da lei reguladora do respectivo processo.

Contudo, contingências políticas diversas fizeram com que esta lei-quadro do desporto vigorasse apenas por cerca de dois anos e meio, o que não deixa de ser inquietante para uma lei estruturante de um dado sistema social, tendo sido revogada pela Lei n.º 5/2007, de 16 de Janeiro, agora denominada Lei de Bases da Actividade Física e do Desporto[14]. Tendo esta nova lei um carácter bem menos definitório do que a anterior, não apresenta no seu clausulado normas como as transcritas anteriormente, porém não comporta modificações que nos levem a desconsiderar a definição legal para actividade desportiva profissional, o mesmo não se passando relativamente às competições reconhecidas como profissionais.

Sendo assim, parece-nos claro que a fronteira jurídica entre o desporto profissional e o desporto não profissional se situa na existência, ou não, de uma competição que tenha sido reconhecida como profissional. Evidente

---

[14] A importância da lei quadro para o ordenamento jurídico-desportivo português é bem expressa no n.º 11 da Revista Desporto & Direito, Revista Jurídica do Desporto, Coimbra Editora, Ano IV, n.º 11, Janeiro/Abril 2007, todo ele consagrado ao comentário da Lei n.º 5/2007, através de contributos bem diferenciados e praticamente todos eles com relevância para a matéria que estamos a tratar.

se torna que importa preencher esta fronteira com os requisitos intrínsecos dessa competição profissional, assim como da tramitação necessária para o reconhecimento da mesma, o que faremos a seu tempo.

3. Da actividade legislativa referente ao desporto profissional

É comummente aceite que, nos seus primórdios, o desporto moderno se caracterizou pela autoregulação[15], tendo tanto os legisladores como os tribunais respeitado a autonomia das organizações desportivas que o promoviam e regulavam.

Porém, ainda na primeira metade do século XX, o Estado português enamorou-se dos benefícios higienicistas e terapêuticos da educação física e da ginástica[16] rejeitando os desportos, para de seguida os aceitar e promover, sem referência ao desporto profissional[17]. No entanto, esta

---

[15] ANDREW CAIGER e SIMON GARDINER, Introduction: Re-regulating Professional Sport in the European Union, In: Professional Sport in the EU: Regulation and Re-regulation, T.M.C. Asser Press, 2000, pp. 1-11 (p.1), afirmam mesmo que o Desporto continua a ser visto por alguns como uma actividade que deve ser no essencial auto-regulamentada e por isso a crescente intervenção do Direito no domínio do desporto tem suscitado o ressentimento quer dos adeptos quer dos que administram o desporto.

[16] Bem ilustrado no Decreto n.º 21.110, de 4 de Abril de 1932, que aprovou o regulamento de educação física dos liceus.

[17] Referimo-nos ao Decreto-Lei n.º 32.241, de 5 de Setembro de 1942, que instituiu a Direcção-Geral de Educação Física, Desportos e Saúde Escolar, órgão do Estado que, conforme ditava o preâmbulo deste diploma, devia orientar e promover, fora da Mocidade Portuguesa, a educação física do povo português e introduzir disciplina nos desportos. A perspectiva totalitária e dirigista da ditadura do "Estado Novo" de Oliveira Salazar (1932-1968), também reflectida no sector desportivo, foi particularmente notória na regulamentação deste decreto-lei, através do Decreto n.º 32 946, de 3 de Agosto de 1943. Apesar destes diplomas de 1942/43 serem reconhecidos como os primeiros marcos normativos na organização desportiva nacional, não podemos olvidar um vasto leque de normas jurídicas avulsas emanadas pelo Estado português desde o início do século XX que tiveram o desporto e a educação física como destinatários, como é explanado no trabalho de PAULO MOURA, O Desporto na Ordem Jurídica Portuguesa, Revista Jurídica Universidade Portucalense, 1999, n.º 3, pp. 148-196. Também a leitura dos livros de JOSÉ MANUEL MEIRIM, A Federação Desportiva como Sujeito Público do Sistema Desportivo, Coimbra Editora, 2002, pp. 228-256, e de ALBERTO TROVÃO DO ROSÁRIO, O Desporto em Portugal. Reflexo e Projecto de uma Cultura, Lisboa, Instituto Piaget, 1996, pp. 48-136, contribuiu significativamente para

aparente rejeição, tornou-se dificilmente sustentável na segunda metade desse século devido ao advento da televisão, das evoluções tecnológicas, e da progressiva comercialização devotada ao fenómeno desportivo. Por este motivo, a 30 de Maio de 1960 surge o reconhecimento explícito do Estado por este pedaço de vida, qualificando os praticantes desportivos em amadores, não amadores e profissionais, restringindo a acção destes últimos apenas às modalidade de futebol, ciclismo e pugilismo[18].

Ainda que numa primeira fase tenha sido espaçadamente, não mais parou a intervenção pública na regulação de matérias respeitantes ao desporto profissional. Assim, parece-nos incontestável que o desporto profissional tenha tido a sua explosão no último terço do século passado com o beneplácito e a parceria dos poderes públicos em diversos domínios, designadamente no legislativo. Após uma recolha dos principais diplomas atinentes ao desporto profissional, podemos dividir a actividade legislativa do Estado neste sector em três grandes períodos:

➢ 1.º período – 1960 a 1990 – Primeiros elementos normativos;
➢ 2.º período – 1990 a 1996 – Erigir do regime jurídico do desporto profissional;
➢ 3.º período – 1996 à actualidade – Consolidação do regime instituído em 1990.

Vejamos seguidamente o essencial de cada uma destas fases.

3.1. Dos primeiros elementos normativos

Como já referimos, foi o ano de 1960 que constituiu o primeiro marco da intervenção legislativa para uma prática desportiva que existia, mas que não era admitida oficialmente pelo poder público. Através da Lei n.º 2104, de 30 de Maio de 1960, foram estabelecidas as bases para a classificação dos praticantes de desporto como amadores, não amadores e profissionais. O critério para diferenciar os praticantes nesta tripla-tipologia assentou exclusivamente no carácter remuneratório ou não da

---

a compreensão da organização do sistema desportivo antes, durante e após a vigência dos diplomas supramencionados.

[18] Cfr. Lei n.º 2104, de 20 de Maio.

actividade desportiva desenvolvida. Assim, foram considerados como profissionais os praticantes que fossem remunerados pela sua actividade desportiva, como não amadores aqueles que apesar de não fazerem da actividade desportiva profissão por ela recebiam pequenas compensações materiais[19], e como amadores os praticantes que não recebiam remuneração nem auferiam, directa ou indirectamente, qualquer proveito material pela sua actividade desportivas.

Depois deste diploma continuou a ser o praticante desportivo o centro das atenções do legislador português que, pela pena do Secretário de Estado da Segurança Social, determinou em 1976 a integração dos praticantes desportivos profissionais no regime geral de previdência em termos semelhantes aos dos restantes trabalhadores[20] para proceder sete anos mais tarde à reestruturação do esquema de segurança social dos jogadores profissionais de futebol[21] e, passados seis anos, à instituição de um regime contributivo aplicável às entidades empregadoras de jogadores profissionais de futebol abrangidos pelo regime geral de segurança social[22]. Por fim, preocupações de ordem fiscal preencheram o conjunto de matérias reguladas em relação a este agente desportivo, permitindo-lhes determinados benefícios fiscais[23] e introduzindo alterações ao Código do Imposto Profissional tendo em vista adequar o respectivo regime ao curto período de duração desta actividade profissional[24].

Facto de relevância extraordinária para o tema em análise foi a decisão política de constituir um grupo de trabalho para o desporto profissional em 1986[25], cuja contribuição para a redacção final da Lei de Bases do Sistema Desportivo foi decisiva.

---

[19] De acordo com a Base III e Base IV da Lei n.º 2 104 essas compensações materiais não eram determinadas por acordo entre as partes mas fixadas unilateralmente pelos organismos que os praticantes representavam. Se tais compensações revestissem a forma de subsídio com carácter de regularidade e permanência, o seu limite máximo seria fixado pela Direcção-Geral da Educação Física, Desportos e Saúde Escolar.

[20] Através do Despacho do Secretário de Estado da Segurança Social de 17 de Fevereiro de 1976, publicado no DR, 3.ª série, de 8 de Maio de 1976.

[21] Cfr. Decreto-Regulamentar n.º 57/83, de 24 de Junho.

[22] Decreto-Lei n.º 300/89, de 4 de Setembro.

[23] A Lei n.º 29/89, de 23 de Agosto, autorizou o Governo a criar benefícios fiscais a determinados agentes desportivos.

[24] Decreto-Lei n.º 413/87, de 31 de Dezembro.

[25] Constituído pelo Despacho Conjunto n.º 142/MEC/86, de 10 de Junho, publicado no Diário da República, II, n.º 163, de 18 de Junho de 1986. Foi reformulado

Foi também neste período que se procedeu à instituição oficial dos concursos de apostas mútuas sobre resultados de competições desportivas[26] e se estabeleceram normas relativas à organização e exploração dos concursos de apostas mútuas denominados "totobola" e "totoloto"[27]. Desta forma, teve origem a consignação de receitas como uma das várias formas de financiamento, ainda que indirecto, ao desporto profissional.

Finalmente, se há matéria que confere superior dignidade normativa ao desporto e, consequentemente, ao desporto profissional, é a sua consagração constitucional, tal como foi feita em 1976 pela inclusão do artigo 79.º na lei magna do país e nas alterações a esta norma em 1982[28] e 1989[29]. Trata-se da garantia universal do direito ao desporto assim como do estabelecimento do princípio colaborativo entre Estado, escolas e colectividades desportivas na promoção, estimulo, orientação e apoio da prática desportiva.

3.2. Do erigir do regime jurídico

Neste período, a data marcante que transformou significativamente o panorama regulador do sector profissional do desporto foi sem dúvida 1990. Neste ano deu à luz a Lei de Bases do Sistema Desportivo (LBSD), diploma estruturante do edifício jurídico-desportivo português que consagra os princípios gerais do sistema desportivo e que, quer formal, quer substantivamente estava muito balizado pelo desporto de rendimento. Dentro deste o desporto profissional conteve o seu espaço próprio no seguimento da indicação de J.M.Chabert[30] de que a questão do tema amadorismo e

---

parcialmente pelo Despacho Conjunto n.º 242/MEC/86, de 16 de Dezembro de 1986, publicado no Diário da República, II, n.º 300, de 31 de Dezembro de 1986. Este grupo de trabalho elaborou um Anteprojecto sobre os Princípios Gerais do Sistema Desportivo e apresentou-o ao Ministro da Educação pelo Director-Geral dos Desportos em 28 de Setembro de 1987.

[26] Decreto-Lei n.º 43 777, de 3 de Julho de 1961.
[27] Decreto-Lei n.º 84/85, de 28 de Março.
[28] Lei Constitucional n.º 1/82, de 30 de Setembro.
[29] Lei Constitucional n.º 1/89, de 8 de Julho.
[30] *A Lei de Bases do Sistema Desportivo no Contexto Europeu e Internacional*, Desporto e Sociedade. Antologia de textos, n.º 112, Direcção-Geral dos Desportos, Lisboa, 1989.

profissionalismo foi assumida como um dos "grandes temas" com que se debatia o movimento desportivo nacional e internacional e que se procurou ter presente na elaboração do projecto da lei de bases.

Esta Lei n.º 1/90 traduziu bem a forma como o Estado passou a encarar os diferentes tipos de prática desportiva, ou seja, a partir dela verificou-se a demarcação conceptual e organizativa entre a prática desportiva profissionalizada e a não profissionalizada e, consequentemente, se instituíram mecanismos de regulação diferenciadores destes contextos desportivos.

Despontou uma nova era para as organizações desportivas primárias, aquelas que estão na base de toda a hierarquia organizacional do sistema desportivo e que, naturalmente, teve repercussões no funcionamento e organização de outras entidades, nomeadamente nas federações desportivas provocando a criação de novos órgãos e adaptabilidade organizacional às novas realidades. Ainda que a prática desportiva continue a existir no clube desportivo tradicional[31], alguns sectores desta prática desportiva passarão a ter uma outra entidade para a sua organização e funcionamento: a sociedade com fins desportivos. A continuidade do clube desportivo está salvaguardada e é mesmo decisiva na medida em que é por seu exclusivo impulso que nasce a nova organização desportiva.

Ainda que não saibamos qual o modelo e regime societário que a caracterizará (a ser objecto de medidas legislativas ulteriores), esse outro ser a nascer do próprio clube não poderá fazer com que este altere a sua natureza e estatuto jurídico (n.º 2 do artigo 20.º), ou seja, nos termos preceituados, parece que a vontade do legislador determina que o clube desportivo, mesmo que fique a deter uma participação social numa futura sociedade por si constituída, não deixará de manter intocável o seu estatuto de associação privada sem fins lucrativos e de prosseguir o fomento e a prática directa de actividades desportivas.

Resulta do preceituado na norma do n.º 4 do artigo 20.º o imperativo legal do produto das sociedades ou das participações societárias reverter para benefício da actividade desportiva geral do clube.

---

[31] O legislador no artigo 20.º da LBSD, na sua redacção originária, dedica-se aos clubes desportivos e enquadra-os juridicamente no âmbito das pessoas colectivas de substrato pessoal que não têm por fim a obtenção de lucros para distribuir pelos sócios.

Cinco anos mais tarde foi regulamentada a matéria das sociedades desportivas através do Decreto-Lei n.º 146/95, de 21 de Junho, porém durante a sua vigência nenhuma sociedade deste tipo foi constituída e como tal foram-lhe apontados vários pontos críticos como impeditivos à criação de sociedades desportivas e nefastos para a edificação de um regime adequado para as mesmas, a saber: a facultatividade da constituição da sociedade desportiva permitindo aos clubes continuar com o seu estatuto jurídico sem qualquer penalização ou sanção; a assunção e o cumprimento de dívidas do clube por parte da nova sociedade que poderia ver *ab initio* as suas principais receitas afectadas sem proveito próprio, e a impossibilidade de os accionistas distribuírem os lucros resultantes da actividade da sociedade desportiva[32].

3.2.1. Se até 1990 o modo de operacionalizar e gerir qualquer competição desportiva dizia respeito apenas aos agentes desportivos e às suas organizações, a partir da publicação da LBSD tal liberdade em organizar e regular os seus campeonatos fica absolutamente condicionada nas competições profissionais. Foi determinada uma alteração à orgânica da federação desportiva que assumisse competições profissionais, configurando-a com um novo órgão, a liga de clubes, integrada obrigatória e exclusivamente por todos os clubes que disputassem tais competições[33].

A redacção do artigo 24.º da LBSD colocou a tónica na existência desse organismo em modalidades que incluíssem participantes profissionais e não atribuiu autonomia jurídica a tal estrutura. Foi, certamente, uma má opção do legislador da lei de bases dado que teria sido mais correcto colocar como condicionante da existência desse organismo a verificação de modalidades praticadas em moldes profissionais e não a existência de participantes profissionais.

---

[32] José Roquete, As Sociedades Desportivas, O Desporto em Portugal. Opções estratégicas de desenvolvimento, II Congresso de Gestão do Desporto, APOGESD, 1997, p. 58, refere a interdição da distribuição de resultados como uma das mais importantes falhas deste diploma.

[33] O legislador português não optou por uma solução que entrasse em ruptura com o modelo desportivo onde a prática desportiva profissional se desenvolvia até então, isto é no seio do desporto federado, bem pelo contrário, concebeu-a de forma a que a entidade organizativa a criar constituísse um elemento integrante do mesmo e por isso a configurou como um organismo existente no seio da federação desportiva. Tal deriva da redacção do artigo 24.º da LBSD na sua versão originária.

O Regime Jurídico do Desporto Profissional

Na realidade, a existência destes atletas poderia ser um dos vários parâmetros necessários para a qualificação de uma competição profissional, mas não o elemento central e determinante. Em 1990 existiam, naturalmente, modalidades que incluíam simultaneamente atletas profissionais e não profissionais e que não queriam encetar qualquer processo de reconhecimento profissional das suas competições. Daí não ser de estranhar que volvidos três anos o diploma que definiu o Regime Jurídico das Federações Desportivas, o Decreto-Lei n.º 144/93, de 26 de Abril, tenha assumido no seu artigo 34.º, como elemento condicionante para a sua constituição, o facto das modalidades disputarem competições de carácter profissional[34] em detrimento da existência de atletas profissionais[35]. A não atribuição de autonomia jurídica ao organismo autónomo pela LBSD foi, como não podia deixar de ser, preceituada, igualmente, no RJFD.

No que respeita à instituição das ligas profissionais o Estado, quer pela LBSD quer pelo RJFD[36], contribuiu claramente para a publicização da actividade destas entidades no domínio das competições desportivas profissionais, por quatro ordens de razões:

a) Reconheceu a unicidade e o monopólio das federações desportivas numa dada modalidade desportiva e criou *ex lege* a entidade que no seu seio, e de forma exclusiva, iria gerir o sector profissional[37];

---

[34] Redacção originária do n.º 1 do artigo 34.º do Decreto-Lei n.º 144/93, de 26 de Abril. Este diploma regulou nos seus artigos 35.º a 38.º o reconhecimento do carácter profissional das competições.

[35] No entanto, revelando insuficiência e negligência na técnica legislativa o n.º 2 do artigo 23.º do Decreto-Lei n.º 144/93, mesmo após a revisão a que foi sujeito este diploma em 1997, ao regular os órgãos estatutários das federações, continua a fazer menção à condicionante da existência de praticantes profissionais para a existência do organismo encarregado de dirigir as actividades desportivas de carácter profissional.

[36] O RJFD instituído pelo Decreto-Lei n.º 144/93, de 26 de Abril, alterado pelo Decreto-Lei n.º 111/97, de 9 de Maio, pela Lei n.º 112/99, de 3 de Agosto e pelo Decreto-Lei n.º 303/99, de 6 de Agosto, dedica um espaço alargado, no seu Capítulo IV, à organização interna das federações dotadas de utilidade pública desportiva, onde está inserida a Secção III respeitante à organização do sector profissional, com os artigos 34.º, 39.º, 40.º e 41.º destinados às ligas profissionais.

[37] Expresso no artigo 24.º, n.º 1 da LBSD e no artigo 34.º, n.º 1 do Decreto-Lei n.º 144/93, de 26 de Abril.

b) Consignou à liga profissional de clubes o exercício de competências da federação em matéria de organização, direcção e disciplina, relativo às competições profissionais[38];
c) Atribuiu natureza pública aos poderes das ligas exercidos no âmbito da regulamentação e disciplina das competições desportivas[39].
d) Previu o recurso contencioso para os tribunais administrativos dos actos praticados pelas ligas profissionais no exercício de poderes públicos[40].

3.2.2. Um outro elemento de relevo para o desporto profissional, a par dos clubes e sociedades desportivas enquanto células organizativas que acolhem esta prática desportiva, e das ligas de clubes enquanto entidades gestionárias da competição dessa actividade desportiva, é o praticante desportivo profissional, que neste segundo período dispôs, na LBSD, de uma qualificação específica e que no desenvolvimento regulamentar desta lei, viu reforçado o seu estatuto social e fiscal.

Para a LBSD, o estatuto do praticante desportivo é definido de acordo com o fim dominante da sua actividade, entendendo-se como profissionais aqueles que exercem a actividade desportiva como profissão exclusiva ou principal (artigo 14.º, n.º 3). Na verdade, tal como enfatiza JOÃO LEAL AMADO, a Lei de Bases aponta para um entendimento restrito do que seja praticante desportivo profissional, porquanto em rigor, qualquer praticante que celebre um contrato de trabalho desportivo é um profissional, prestando a respectiva actividade a troco de uma retribuição, quer essa profissão seja exercida a título exclusivo, principal ou secundário[41].

---

[38] Conforme o preceituado no artigo 34.º, n.º 3 do Decreto-Lei n.º 144/93, de 26 de Abril.

[39] Esta é a consequência de concessão às ligas de competências que pertenciam às federações desportivas enunciadas na alínea anterior e decorre do mecanismo que o Estado criou para se relacionar com as federações desportivas, atribuindo-lhe o estatuto de utilidade pública desportiva (artigo 22.º da LBSD e artigos 7.º e 8.º do Decreto-Lei n.º 144/93, de 26 de Abril).

[40] Conforme decorre do preceituado no artigo 8.º n.º 2 do Decreto-Lei n.º 144//93, de 26 de Abril.

[41] JOÃO LEAL AMADO, Contrato de Trabalho Desportivo Anotado, Coimbra Editora, 1995, pp. 17-18.

Foi a partir de 1990 que o legislador atribuiu especificidade à relação estabelecida entre o praticante desportivo profissional e o clube que representava, daí a necessidade de ser definido, por diploma próprio, o regime jurídico contratual dos praticantes desportivos profissionais. Foi o que veio a acontecer com o Decreto-Lei n.º 305/95, de 18 de Novembro, que instituiu tal regime, invocando no seu preâmbulo que a intervenção legislativa se justificava em razão das especificidades que a actividade desportiva comportava e a que o regime geral do contrato de trabalho não podia responder inteiramente

Uma outra matéria relativa ao estatuto social do praticante desportivo profissional directamente relacionada com a preservação da sua saúde e bem estar, diz respeito ao facto da sua actividade desportiva, intrinsecamente de elevado risco no que respeita à ocorrência de acidentes pessoais, ter de ser acautelada através da obrigatoriedade de efectuar seguros com o objectivo de cobrir os riscos que incidam sobre a integridade física ou corporal dos mesmos[42].

Esta questão foi pela primeira vez suscitada pela LBSD que atribuiu ao Estado, no seu artigo 16.º, a tarefa de promover a institucionalização e regulamentação de um sistema de seguro obrigatório para os praticantes desportivos. Deste modo, passados três anos, foi instituído o Decreto-Lei n.º 146/93, de 26 de Abril, e a Portaria n.º 757/93, de 26 de Agosto, respectivamente a regular e a regulamentar a matéria do seguro desportivo

3.2.3. O praticante desportivo profissional, como qualquer cidadão que aufere rendimentos, tem como uma das suas obrigações pagar impostos. Assim, um ano após ter sido instituído o IRS, o legislador atendendo a que a realidade particular que o alto nível competitivo exigia aos agentes desportivos não se compadecia com as regras comuns da lei fiscal, designadamente a especificidade das carreiras de curta duração e forte concentração de rendimentos[43], criou um regime de privilégio transitório através do Decreto-Lei n.º 95/90, de 20 de Março que aditou ao diploma

---

[42] Acerca da matéria dos seguros desportivos, com um ponto destinado também ao praticante desportivo profissional, e contemplando um vasto leque de actividades, dispomos do artigo de PAULO CARDOSO DE MOURA, Seguros obrigatórios nas actividades desportivas e de lazer, Desporto & Direito Revista Jurídica do Desporto, Coimbra Editora, Ano III, Janeiro/Abril 2006, pp. 221-257.

[43] Conforme exposição do preâmbulo do Decreto-Lei n.º 95/90, de 20 de Março.

que aprovou o regime do IRS, o Decreto-Lei n.º 442-A/88, de 30 de Novembro, o artigo 3.º-A, de epígrafe "Regime transitório de enquadramento dos agentes desportivos".

3.3. Da consolidação do regime jurídico

Parece-nos que não será ousado considerar 1996 como o ano que abriu portas à estabilidade e consolidação do actual regime jurídico do desporto profissional. Com efeito, neste ano e no que lhe seguiu foram publicados dois diplomas, a Lei n.º 19/96, de 25 de Junho, e o Decreto--Lei n.º 117/97, de 9 de Maio, que alteraram respectivamente a LBSD e o RJFD. Nestes diplomas o elemento das competições desportivas profissionais impôs-se definitivamente e projectou consequências, designadamente ao nível da:

➢ conceptualização e natureza jurídica do clube desportivo (artigo 20.º, n.ᵒˢ 2 e 3 da LBSD);
➢ imposição de procedimentos contabilísticos próprios para os clubes e sociedades desportivas (artigo 20.º, n.º 6 da LBSD);
➢ obrigatoriedade da existência de uma liga profissional de clubes e explicitação das suas competências (artigos 24.º, n.ᵒˢ 1 e 2 da LBSD e 34.º e 39.º do RJFD);
➢ diferenciação do regime jurídico das federações desportivas (artigos 26.º-A, 26.º-B, 31.º, n.ᵒˢ 3 e 4, 32.º, n.ᵒˢ 2 e 3, do RJFD).

Efectivamente, com estas alterações, o conceito de competição profissional passou a figurar na lei fundamental do desporto com repercussões directas na definição e na natureza jurídica das organizações que integrassem essas competições. E para um melhor aclaramento do quadro legal relativo à qualificação e tramitação das competições como sendo de natureza profissional foi publicado o Decreto-Lei n.º 303/99, de 6 de Agosto, cujo objecto define os parâmetros para o reconhecimento da natureza profissional das competições desportivas e os consequentes pressupostos de participação nas mesmas.

Mais uma vez, o Estado persistiu na sua actuação intervencionista na organização desportiva densificando a sua acção reguladora na definição dos parâmetros e respectivo conteúdo para a competição profissional, na tramitação e fundamentação do pedido de reconhecimento dessa competição e no estabelecimento de pressupostos organizativos submetidos a sanções desportivas se não forem cumpridos por quem deseja participar nas competições profissionais. Destacamos os principais intervenientes neste processo e respectivas incumbências:

> ➢ Assembleia-geral de clubes e sociedades desportivas entidade responsável pela aprovação dos parâmetros e respectivo conteúdo da competição a ser reconhecida como profissional[44];
> ➢ Presidente da federação desportiva – agente desportivo sobre o qual recai a competência para requerer os parâmetros e respectivo conteúdo da competição a ser reconhecida como profissional;
> ➢ Conselho Superior do Desporto – órgão que recepciona o pedido de requerimento para o reconhecimento da competição como profissional, para seguidamente emitir um parecer sobre esse reconhecimento e remetê-lo ao membro do Governo responsável pelo desporto.
> ➢ Membro do Governo que tutela o desporto – Responsável político que tem o poder de decisão acerca do reconhecimento do carácter profissional da competição, através de um despacho que homologue o parecer do CSD.

3.3.1. Após a alteração da LBSD, para além da consolidação do enquadramento normativo da competição reconhecida como profissional,

---

[44] Referimo-nos aos parâmetros instituídos no artigo 2.º, n.º 3 do Decreto-Lei n.º 303/99: número mínimo e máximo de clubes ou sociedades desportivas; limite mínimo da massa salarial anual dos praticantes e treinadores de cada clube ou sociedade desportiva no total do respectivo orçamento; limite mínimo do orçamento autónomo de cada clube para a respectiva competição desportiva profissional ou do orçamento de cada sociedade desportiva; média do número de espectadores por cada jogo ou prova realizado no âmbito da competição; requisitos mínimos das instalações desportivas a utilizar por cada clube ou sociedade desportiva, designadamente quanto ao número de lugares sentados individuais e normas de segurança. O pedido de reconhecimento da competição profissional deve também contemplar uma fundamentação assente em pressupostos de ordem económica, social e técnica, tais como: a) importância económica da competição; dimensão social da competição; importância da mesma no contexto desportivo nacional; efeitos da participação em competições internacionais; nível técnico da competição; existência de vínculos contratuais entre os clubes ou sociedades desportivas e os praticantes, nos termos da Lei n.º 28/98, de 26 de Junho.

também ao nível dos clubes e sociedades anónimas desportivas e dos praticantes desportivos se verificou a revogação de determinados diplomas com vista a uma maior eficácia dos respectivos regimes jurídicos. Assim, surgiu uma nova regulação para as especiais sociedades desportivas e os clubes em regime especial de gestão[45] e um novo contrato de trabalho desportivo e de formação desportiva[46]. Ao estatuto do praticante desportivo foi acrescido um regime específico de reparação dos danos emergentes de acidentes de trabalho[47] e foi suprido o regime fiscal transitório com a Lei do Orçamento de Estado para 2003 que fixou taxas a incrementar anualmente em 10% até se atingir o regime de tributação normal para os agentes desportivos[48].

3.3.2. Para finalizarmos este período, não podemos deixar de fazer uma referência à actual Lei de Bases da Actividade Física e do Desporto e fazemo-lo recorrendo a palavras já escritas noutro espaço: *várias matérias recolheram as soluções de origem, outras são uma mescla de soluções da LBD e da regulamentação existente, e quanto às inovações, diga-se que não são tantas como as apregoadas, nem tão revolucionárias que espoletem uma organização e um desenvolvimento assaz diferente para o desporto profissional*[49].

---

[45] Decreto-Lei n.º 67/97, de 3 de Abril, alterado pela Lei n.º 107/97, de 16 de Setembro. Com este novo figurino jurídico as sociedades desportivas passaram a estar mais conformes com a natureza de sociedades comerciais, desde logo pela possibilidade instituída da repartição dos lucros pelos sócios. De sublinhar que após este diploma estas organizações desportivas passam a poder existir tanto no desporto profissional como no não profissional. Registe-se também a publicação de um regime fiscal específico das sociedades desportivas pelo Decreto-Lei n.º 103/97, de 13 de Setembro. Os clubes em regime especial de gestão têm o seu enquadramento definido no Capítulo IV do Decreto-Lei n.º 67/97, nos artigos 37.º a 43.º.

[46] Lei n.º 28/98, de 26 de Junho.

[47] Decreto-Lei n.º 8/2003, de 12 de Maio.

[48] Lei n.º 32-B/2002, de 27 de Dezembro.

[49] MARIA JOSÉ CARVALHO, O desporto profissional: entre o regresso às origens e as inovações, Desporto & Direito, Revista Jurídica do Desporto, Coimbra Editora, Ano IV, n.º 11, Janeiro/Abril 2007, pp. 257-268 (p. 268). Por razões de economia de espaço, e porque a Lei de Bases do Desporto não desencadeou ulterior regulamentação, não fazemos aqui uma análise relativa ao conteúdo deste diploma no que respeita ao desporto profissional, e remetemos para o trabalho citado na nota 13.

Por conseguinte, antevemos que a breve trecho a regulamentação desta lei de bases poderá burilar determinados institutos jurídicos atinentes ao desporto profissional, mas no essencial não irá produzir rupturas nem grandes inovações ao actual quadro normativo.

4. Os elementos fundamentais deste regime

Conforme fomos explanando ao longo do presente trabalho podemos inferir que existem elementos fundamentais que integram e caracterizam o regime jurídico do desporto profissional. Recuperando a estratégia inicial de nos focarmos numa definição legal de desporto profissional, ousamos neste momento propor a seguinte:

actividade desportiva que integra uma competição profissional cumpridora de parâmetros definidos pela entidade gestora, reconhecida oficialmente e constituída por entidades e praticantes desportivos específicos.

Chegamos a esta definição, que pretendíamos que fosse precisa e concisa, após o estudo da legislação produzida com vista à regulação deste subsistema desportivo e que nos permite destacar os elementos fundamentais acima referidos, designadamente:

- Competição reconhecida como profissional;
- Entidades desportivas específicas: clubes em regime especial de gestão e sociedades anónimas desportivas;
- Praticantes desportivos profissionais;
- Entidade gestora da competição: liga profissional de clubes integrada na federação desportiva.

5. Remate final

Muitos optam hoje, tal como no passado, por assumir um discurso derrotista relativamente ao desporto apontando-lhe alguns dos malefícios sobejamente reconhecidos ao desporto profissional. Este discurso, por vezes entendido como politicamente correcto, configura-se vazio no seu compromisso social por dois motivos: primeiro, não procede à necessária "separação de águas", isto é, o desporto é um conceito polissémico, que integra múltiplas realidades com identidades próprias e distintas entre si, consequentemente o desporto não é, nem nunca será, apenas o desporto profissional; segundo, tal como no passado a mente conservadora e retrógrada actual não se preocupa em construir, mas tão só em destruir, como tal não perspectiva o aperfeiçoamento do sistema, mas o seu estiolamento.

Em cerca de século e meio de existência do desporto moderno em Portugal, o desporto profissional, enquanto realidade social regulada pelo Estado e possuidora de um regime jurídico que a diferencia claramente do desporto não profissional tem pouco mais de três lustros. Realidade jovem, sem dúvida, representada por três modalidade, o futebol, o basquetebol e o andebol que procederam, com êxito, ao reconhecimento das suas competições profissionais.

Pelo presente trabalho, constatamos que o desporto profissional foi sendo paulatinamente objecto de intervenção legislativa pública. Esta deu os seus primeiros sinais entre as décadas de sessenta e oitenta do século passado e iniciou a construção do seu enquadramento normativo no princípio da década de noventa, consolidando-o em fins da mesma.

Assim, hodiernamente, o ordenamento jurídico-desportivo nacional apresenta um conjunto de normas específicas que determinam que as modalidades desportivas que pretendam ver reconhecidas as suas competições como profissionais devam adaptar a orgânica da respectiva federação desportiva, criando no seu seio uma entidade própria para a gestão e organização dessa competição, a liga profissional; ter sociedades anónimas desportivas ou em clubes em regime especial de gestão que acolham a prática desportiva; possuir praticantes desportivos profissionais; e, por fim, requerer oficialmente que a competição que cumpre parâmetros específicos seja reconhecida pelo membro do governo responsável pelo desporto como profissional.

A todas estas imposições escapa o desporto não profissional. Este apenas integrará praticantes desportivos profissionais e sociedades desportivas se as organizações desportivas voluntariamente quiserem estabelecer contratos de trabalho desportivo com os seus atletas e se preferirem a estrutura societária à estrutura associativa. Porém, tais decisões dependem do livre arbítrio dos privados.

O desporto profissional, galinha de ovos de ouro do espectáculo desportivo, emancipou-se do desporto (não profissional) sem o aniquilar, ganhou a sua independência, embora não absoluta pois continua integrado na estrutura federativa que superintende todo o desporto federado, e está mais forte e mais organizado. Por isso, à frase de CARL DIEM: *Amateurism fosters sport, professionalism kills it,* contrapomos:

O amadorismo alimenta o desporto, o profissionalismo fortalece-o!

AS TAXAS DE IVA E A PRÁTICA DE ACTIVIDADES DESPORTIVAS

NEUSA ALEXANDRA LIQUITO

Assistente, Instituto Politécnico de Santarém,
Investigadora do CIJE/FDUP

Introdução

As taxas de imposto em sede de Imposto sobre o Valor Acrescentado (IVA) constituem um dos símbolos da tentativa de harmonização comunitária.

Desta forma, e tendo por base a 6.º Directiva (Directiva 92/77/ CEE, do Conselho, de 14 de Dezembro de 1992), os vários Estados Membros podem possuir até três taxas de imposto: duas, de cariz reduzido, que podem variar entre os 5% aos 12% e devem ser constantes do Anexo H da referida Directiva e uma, de carácter normal, variável entre 15% e 25%.

No caso Português[1], estas variam entre os 5% e os 21% (no Continente) e entre os 4% e os 15% (nas Regiões Autónomas, devido às negociações aquando da adesão de Portugal à então Comunidade Económica Europeia, atendendo aos custos de insularidade dessas Regiões).

A mesma Directiva permite a existência de situações de isenção, isto é, a não aplicação de qualquer taxa de imposto (esta situação não apresenta qualquer diferença perante o consumidor final à aplicação de uma taxa 0%, mas apresenta inúmeras diferenças perante o sujeito passivo de

---

[85] Na estrutura das taxas do IVA estabelecida numa fase pretérita já houve também uma taxa agravada de 30% para as importações, transmissões de bens e prestações de serviços constantes da Lista III anexa ao Código.

imposto). Estas isenções, traduzem-se em situações de excepção, não podendo ser alterados livremente pelo legislador nacional, tal como os bens e as prestações de serviços beneficiários de uma taxa reduzida, em detrimento da taxa normal

O enquadramento das actividade desportivas em sede de IVA caracteriza-se por lhe serem aplicáveis um conjunto de regras específicas no que concerne ao tratamento taxativo, que vão condicionar o respectivo tratamento.

O presente artigo não pretende entrar numa análise exaustiva do tratamento das actividades desportivas face ao IVA, limitando-se o seu âmbito à aplicação das isenções previstas no art. 9.º do CIVA e ao enquadramento das diferentes taxas, tecendo-se depois algumas considerações sobre a situação actual.

Isenção de IVA na actividade desportiva

As isenções de IVA na actividade desportiva estão limitadas as operações internas, estando consagradas no art. 9.º do CIVA, mais concretamente no seu n.º 9, onde está especificado, que estão isentas as prestações de serviços efectuadas por organismos sem finalidade lucrativa que explorem estabelecimentos ou instalações destinados à prática de actividades artísticas, desportivas, recreativas e de educação física a pessoas que pratiquem essas actividades.

Para que esta isenção possa ocorrer torna-se necessário que, estas prestações sejam praticadas por organismos sem finalidade lucrativa e estas actividades sejam praticadas por pessoas.

Torna-se importante, assim, determinar no âmbito do Código, quem são as entidades sem fins lucrativos, bem como o que se deve entender nesta situação por pessoas.

Se se tiver presente o art. 10.º do CIVA, este estabelece como critérios identificativos da presença de um organismo sem fins lucrativos, a verificação em simultâneo das seguintes condições:

- O obstáculo de distribuição de lucros e na eventualidade da sua distribuição a impossibilidade dos seus corpos gerentes (directa ou por interposta pessoa) possuírem algum interesse na distribuição dos mesmos (quer directa quer indirectamente);

- Estes organismos devem possuir uma escrituração abrangente de todas as actividades desenvolvidas, devendo esta estar permanentemente à disposição das entidades fiscais;
- Praticarem preços homologados pelas entidades públicas ou, no caso de operações não susceptíveis de homologação, os preços praticados devem ser inferiores aos exigidos para operações análogas às empresas sujeitas a imposto;
- Inexistência de concorrência directa com sujeitos passivos de imposto.

No tocante à definição de pessoas, é necessário ter-se em atenção a Informação n.º 2279, de 27 de Setembro de 1989, da DSCA, da Direcção de Serviços do IVA/DSIVA, uma vez que esta pressupõe a utilização directa por parte dos utilizadores das instalações desportivas. Isto é, para que esta isenção seja válida, é necessário que a facturação seja feita em nome de uma pessoa singular, pois se for efectuada a pessoas colectivas, deixa de se estar perante uma utilização directa dessas mesmas instalações.

Outra isenção presente no CIVA relacionada com a prática de actividades desportivas, encontra-se consagrada no art. 9.º n.º 16 al. c), onde está estipulado que as prestações de serviços efectuadas por desportistas aos respectivos promotores em competições desportivas encontram-se isentas, independentemente destes actuarem individualmente ou em grupo.

No que diz respeito às quotas pagas pelos associados a instituições com vista à prática de actividades desportivas, estas também estarão isentas, nos termos do art. 9.º no n.º 21.º do CIVA, no caso deste pagamento ser devido a organismos sem fins lucrativos e de estar previsto estatutariamente.

No que diz respeito à atribuição de lugares cativos nos estádios de futebol aos associados mediante um pagamento, é do entendimento da Administração Fiscal, que esta situação também se encontra abrangida pela isenção, conforme o disposto no Oficio-Circulado n.º 56623 de 18//05/1998 da Direcção de Serviços do IVA.

Todas as demais situações deverão ser objecto de tributação.

Taxas de IVA nas Actividades Desportivas

Tendo por base o Anexo H da 6.ª Directiva da CEE que dispõe que a entrada em manifestações desportivas (Cat. 12) e a utilização de instalações desportivas (Cat. 13) são susceptíveis de aplicação de taxas reduzidas, está consagrada na Lista I anexa ao CIVA na verba 2.13, onde se dispõe que devem ser taxados à taxa reduzida, os espectáculos, manifestações desportivas e outros divertimentos públicos com excepção dos de carácter pornográfico e das prestações de serviços que consistam em proporcionar a utilização de jogos mecânicos e electrónicos, com excepção dos jogos reconhecidos como desportivos.

É do entendimento da Administração Fiscal, através do seu Ofício-Circulado n.º 30047, de 18/04/2002, da Direcção de Serviços do IVA, tratarem-se de jogos com carácter desportivo, os jogos de ping-pong, bilhar e snooker, devendo desta forma serem tributados à taxa reduzida estas prestações de serviços. De igual modo, fica abrangido, o bowling, previsto que está no mesmo Regulamento Interno, uma vez que a sua actividade está organizada em Federação, devendo por conseguinte beneficiar do mesmo tratamento.

Deste modo, todo e qualquer bilhete de ingresso para assistência de uma actividade desportiva, deve ser taxada à taxa reduzida.

Recentemente, a Administração Fiscal veio clarificar através de Ofício-Circulado n.º 30088/2006, de 19 de Janeiro da Direcção de Serviços do IVA, que a aplicação desta taxa não estava só consagrada aos respectivos bilhetes de ingresso, mas incluía a utilização das instalações destinadas à prática desportiva, nomeadamente a utilização de piscinas, campos de ténis e de golf, desde que exista a utilização directa do espaço e equipamento para a prática desportiva.

Após esta publicação têm surgido dúvidas no que diz respeito as prestações de serviços que visam permitir ao seu adquirente praticar uma actividade desportiva regular com a supervisão de técnicos especializados, isto é, a pratica de aulas de determinada modalidade desportiva, ou as mensalidades pagas pela frequência de ginásios. Tais duvidas, levam a que, se pratiquem para a mesma prestação de serviços, taxas de imposto (a reduzida ou a normal), consoante a interpretação do sujeito passivo.

Conclusões

No que concerne à taxação das actividades desportivas, existem inúmeras situações a considerar: desde a isenção, à aplicação da taxa normal.

Pretende-se, com o presente artigo dar um contributo para um melhor entendimento desta problemática, e alertar para factos que indirectamente podem contribuir para a distorção do mercado.

Bibliografia

NOIRET CUNHA, Patrícia; 2004; *Imposto Sobre o Valor Acrescentado*; Instituto Superior de Gestão, ISBN 972-98422-2-1

CELORICO PALMA, Clotilde, 2005; *Introdução ao Imposto Sobre o Valor Acrescentado*, Caderno IDEFF n.º 1, Almedina; ISBN: 972-40-2416--4

CELORICO PALMA, Clotilde, 2006; *Estudos de Imposto Sobre o Valor Acrescentado*, Almedina, ISBN 972-40-2876-3

ANEXOS

LEI N.º 5/2007
DE 16 DE JANEIRO

Lei de Bases da Actividade Física e do Desporto

A Assembleia da República decreta, nos termos da alínea c) do artigo 161.º da Constituição, o seguinte:

CAPÍTULO I
Objecto e princípios gerais

Artigo 1.º
Objecto

A presente lei define as bases das políticas de desenvolvimento da actividade física e do desporto.

Artigo 2.º
Princípios da universalidade e da igualdade

1 – Todos têm direito à actividade física e desportiva, independentemente da sua ascendência, sexo, raça, etnia, língua, território de origem, religião, convicções políticas ou ideológicas, instrução, situação económica, condição social ou orientação sexual.

2 – A actividade física e o desporto devem contribuir para a promoção de uma situação equilibrada e não discriminatória entre homens e mulheres.

ARTIGO 3.º

Princípio da ética desportiva

1 – A actividade desportiva é desenvolvida em observância dos princípios da ética, da defesa do espírito desportivo, da verdade desportiva e da formação integral de todos os participantes.

2 – Incumbe ao Estado adoptar as medidas tendentes a prevenir e a punir as manifestações antidesportivas, designadamente a violência, a dopagem, a corrupção, o racismo, a xenofobia e qualquer forma de discriminação.

3 – São especialmente apoiados as iniciativas e os projectos, em favor do espírito desportivo e da tolerância.

ARTIGO 4.º

Princípios da coesão e da continuidade territorial

1 – O desenvolvimento da actividade física e do desporto é realizado de forma harmoniosa e integrada, com vista a combater as assimetrias regionais e a contribuir para a inserção social e a coesão nacional.

2 – O princípio da continuidade territorial assenta na necessidade de corrigir os desequilíbrios originados pelo afastamento e pela insularidade, por forma a garantir a participação dos praticantes e dos clubes das Regiões Autónomas nas competições desportivas de âmbito nacional.

ARTIGO 5.º

Princípios da coordenação, da descentralização e da colaboração

1 – O Estado, as Regiões Autónomas e as autarquias locais articulam e compatibilizam as respectivas intervenções que se repercutem, directa ou indirectamente, no desenvolvimento da actividade física e no desporto, num quadro descentralizado de atribuições e competências.

2 – O Estado, as Regiões Autónomas e as autarquias locais promovem o desenvolvimento da actividade física e do desporto em colaboração com as instituições de ensino, as associações desportivas e as demais entidades, públicas ou privadas, que actuam nestas áreas.

CAPÍTULO II
Políticas públicas

Artigo 6.º
Promoção da actividade física

1 – Incumbe ao Estado, às Regiões Autónomas e às autarquias locais, a promoção e a generalização da actividade física, enquanto instrumento essencial para a melhoria da condição física, da qualidade de vida e da saúde dos cidadãos.

2 – Para efeitos do disposto no número anterior, são adoptados programas que visam:

  a) Criar espaços públicos aptos para a actividade física;
  b) Incentivar a integração da actividade física nos hábitos de vida quotidianos, bem como a adopção de estilos de vida activa;
  c) Promover a conciliação da actividade física com a vida pessoal, familiar e profissional.

Artigo 7.º
Desenvolvimento do desporto

1 – Incumbe à Administração Pública na área do desporto apoiar e desenvolver a prática desportiva regular e de alto rendimento, através da disponibilização de meios técnicos, humanos e financeiros, incentivar as actividades de formação dos agentes desportivos e exercer funções de fiscalização, nos termos da lei.

2 – Junto do membro do Governo responsável pela área do desporto funciona, de forma permanente, o Conselho Nacional do Desporto, composto por representantes da Administração Pública e do movimento associativo desportivo.

3 – No âmbito da administração central do Estado, funciona a Autoridade Antidopagem de Portugal, com funções no controlo e combate à dopagem no desporto.

4 – As competências, composição e funcionamento dos órgãos referidos nos números anteriores são definidos na lei.

ARTIGO 8.º

Política de infra-estruturas e equipamentos desportivos

1 – O Estado, em estreita colaboração com as Regiões Autónomas e com as autarquias locais e entidades privadas, desenvolve uma política integrada de infra-estruturas e equipamentos desportivos com base em critérios de distribuição territorial equilibrada, de valorização ambiental e urbanística e de sustentabilidade desportiva e económica, visando a criação de um parque desportivo diversificado e de qualidade, em coerência com uma estratégia de promoção da actividade física e desportiva, nos seus vários níveis e para todos os escalões e grupos da população.

2 – Os instrumentos de gestão territorial devem prever a existência de infra-estruturas de utilização colectiva para a prática desportiva.

3 – Com o objectivo de incrementar e requalificar o parque das infra-estruturas desportivas ao serviço da população o Estado assegura:

a) A realização de planos, programas e outros instrumentos directores que regulem o acesso a financiamentos públicos e que diagnostiquem as necessidades e estabeleçam as estratégias, as prioridades e os critérios de desenvolvimento sustentado da oferta de infra--estruturas e equipamentos desportivos;

b) O estabelecimento e desenvolvimento de um quadro legal e regulamentar que regule a edificação e a utilização dos espaços e infra-estruturas para actividades físicas e desportivas, bem como a concessão das respectivas licenças de construção e utilização;

c) A adopção de medidas adequadas à melhoria efectiva das condições de acessibilidade, de segurança e de qualidade ambiental e sanitária das infra-estruturas e equipamentos desportivos de uso público.

4 – A comparticipação financeira do Estado na edificação de instalações desportivas públicas e privadas, carece de parecer prévio e vinculativo do membro do Governo responsável pela área do desporto.

5 – As comparticipações financeiras públicas para construção ou melhoramento de infra-estruturas desportivas propriedade de entidades privadas, quando a natureza do investimento o justifique, e, bem assim, os actos de cedência gratuita do uso ou da gestão de património desportivo público às mesmas, são condicionados à assunção por estas de contrapartidas de interesse público.

6 – Nos termos da lei, e observadas as garantias dos particulares, o Governo pode determinar, por períodos limitados de tempo, a requisição

de infra-estruturas desportivas de propriedade de entidades privadas para realização de competições desportivas adequadas à natureza daquelas, quando o justifique o interesse público e nacional e se verifique urgência.

Artigo 9.º
Carta Desportiva Nacional

1 – A lei determina a elaboração da Carta Desportiva Nacional, a qual contém o cadastro e o registo de dados e de indicadores que permitam o conhecimento dos diversos factores de desenvolvimento desportivo, tendo em vista o conhecimento da situação desportiva nacional, nomeadamente quanto a:

a) Instalações desportivas;
b) Espaços naturais de recreio e desporto;
c) Associativismo desportivo;
d) Hábitos desportivos;
e) Condição física das pessoas;
f) Enquadramento humano, incluindo a identificação da participação em função do género.

2 – Os dados constantes da Carta Desportiva Nacional são integrados no sistema estatístico nacional, nos termos da lei.

Artigo 10.º
Investigação

O Estado, em colaboração com as instituições de ensino superior, promove e apoia a realização de estudos e trabalhos de investigação sobre os indicadores da prática desportiva e os diferentes factores de desenvolvimento da actividade física e do desporto.

Artigo 11.º
Cooperação internacional

1 – No sentido de incrementar a cooperação na área do desporto, o Estado assegura a plena participação portuguesa nas instâncias desportivas

europeias e internacionais, designadamente as instituições da União Europeia, o conselho da Europa, a UNESCO e o Conselho Iberoamericano do Desporto.

2 – O Estado estabelece programas de cooperação com outros países e dinamiza o intercâmbio desportivo internacional nos diversos escalões etários.

3 – O Estado privilegia o intercâmbio desportivo com países de língua portuguesa, em particular no quadro da Comunidade dos Países de Língua Portuguesa.

4 – O Estado providencia para que sejam implementados programas desportivos vocacionados para as comunidades portuguesas estabelecidas em outros países, com vista ao desenvolvimento dos laços com a sua comunidade de origem.

CAPÍTULO III
Associativismo desportivo

Secção I
Organização Olímpica

Artigo 12.º
Comité Olímpico de Portugal

1 – O Comité Olímpico de Portugal é uma associação sem fins lucrativos, dotada de personalidade jurídica, que se rege pelos seus estatutos e regulamentos, no respeito pela lei e pela Carta Olímpica Internacional.

2 – O Comité Olímpico de Portugal tem competência exclusiva para constituir, organizar e dirigir a delegação portuguesa participante nos Jogos Olímpicos e nas demais competições desportivas realizadas sob a égide do Comité Olímpico Internacional, colaborando na sua preparação e estimulando a prática das actividades aí representadas.

3 – O Comité Olímpico de Portugal mantém actualizado o registo dos praticantes desportivos olímpicos.

4 – O Comité Olímpico de Portugal tem direito ao uso exclusivo dos símbolos olímpicos em território nacional, nos termos da lei.

ARTIGO 13.º

Comité Paralímpico de Portugal

Ao Comité Paralímpico de Portugal aplica-se, com as necessárias adaptações, o disposto no artigo anterior, relativamente aos praticantes desportivos com deficiência e às respectivas competições desportivas internacionais.

SECÇÃO II

Federações desportivas

SUBSECÇÃO I

Disposições gerais

ARTIGO 14.º

Conceito de federação desportiva

As federações desportivas são, para efeitos da presente lei, pessoas colectivas constituídas sob a forma de associação sem fins lucrativos que, englobando clubes ou sociedades desportivas, associações de âmbito territorial, ligas profissionais, se as houver, praticantes, técnicos, juízes e árbitros, e demais entidades que promovam, pratiquem ou contribuam para o desenvolvimento da respectiva modalidade, preencham, cumulativamente, os seguintes requisitos:

a) Se proponham, nos termos dos respectivos estatutos, prosseguir, entre outros, os seguintes objectivos gerais:

  i) Promover, regulamentar e dirigir, a nível nacional, a prática de uma modalidade desportiva ou de um conjunto de modalidades afins ou associadas;

  ii) Representar perante a Administração Pública os interesses dos seus filiados;

  iii) Representar a sua modalidade desportiva, ou conjunto de modalidades afins ou associadas, junto das organizações desportivas internacionais, bem como assegurar a participação competitiva das selecções nacionais;

b) Obtenham o estatuto de pessoa colectiva de utilidade pública desportiva.

Artigo 15.º
Tipos de federações desportivas

1 – As federações desportivas são unidesportivas ou multidesportivas.

2 – São federações unidesportivas as que englobam pessoas ou entidades dedicadas à prática da mesma modalidade desportiva, incluindo as suas várias disciplinas, ou a um conjunto de modalidades afins ou associadas.

3 – São federações multidesportivas as que se dedicam, cumulativamente, ao desenvolvimento da prática de diferentes modalidades desportivas, em áreas específicas de organização social, designadamente no âmbito do desporto para cidadãos portadores de deficiência e do desporto no quadro do sistema educativo.

Artigo 16.º
Direitos desportivos exclusivos

1 – Os títulos desportivos, de nível nacional ou regional, são conferidos pelas federações desportivas e só estas podem organizar selecções nacionais.

2 – A lei define as formas de protecção do nome, imagem e actividades desenvolvidas pelas federações desportivas, estipulando o respectivo regime contra-ordenacional.

Artigo 17.º
Deliberações sociais

1 – Nas assembleias gerais das federações desportivas, ligas profissionais e associações de âmbito territorial não são permitidos votos por representação.

2 – No âmbito das entidades referidas no número anterior, as deliberações para a designação dos titulares de órgãos, ou que envolvam a apreciação de comportamentos ou das qualidades de qualquer pessoa, são tomadas por escrutínio secreto.

Artigo 18.º
Justiça desportiva

1 – Os litígios emergentes dos actos e omissões dos órgãos das federações desportivas e das ligas profissionais, no âmbito do exercício dos poderes públicos, estão sujeitos às normas do contencioso administrativo, ficando sempre salvaguardados os efeitos desportivos entretanto validamente produzidos ao abrigo da última decisão da instância competente na ordem desportiva.

2 – Não são susceptíveis de recurso fora das instâncias competentes na ordem desportiva as decisões e deliberações sobre questões estritamente desportivas.

3 – São questões estritamente desportivas as que tenham por fundamento normas de natureza técnica ou de carácter disciplinar, enquanto questões emergentes da aplicação das leis do jogo, dos regulamentos e das regras de organização das respectivas competições.

4 – Para efeitos do disposto no número anterior, as decisões e deliberações disciplinares relativas a infracções à ética desportiva, no âmbito da violência, da dopagem, da corrupção, do racismo e da xenofobia não são matérias estritamente desportivas.

5 – Os litígios relativos a questões estritamente desportivas podem ser resolvidos por recurso à arbitragem ou mediação, dependendo de prévia existência de compromisso arbitral escrito ou sujeição a disposição estatutária ou regulamentar das associações desportivas.

Subsecção II
Utilidade pública desportiva

Artigo 19.º
Estatuto de utilidade pública desportiva

1 – O estatuto de utilidade pública desportiva confere a uma federação desportiva a competência para o exercício, em exclusivo, por modalidade ou conjunto de modalidades, de poderes regulamentares, disciplinares e outros de natureza pública, bem como a titularidade dos direitos e poderes especialmente previstos na lei.

2 – Têm natureza pública os poderes das federações desportivas exercidos no âmbito da regulamentação e disciplina da respectiva modalidade que, para tanto, lhe sejam conferidos por lei.

3 – A federação desportiva à qual é conferido o estatuto mencionado no n.º 1 fica obrigada, nomeadamente, a cumprir os objectivos de desenvolvimento e generalização da prática desportiva, a garantir a representatividade e o funcionamento democrático internos, em especial através da limitação de mandatos, bem como a transparência e regularidade da sua gestão, nos termos da lei.

Artigo 20.º

Atribuição, suspensão e cancelamento do estatuto de utilidade pública desportiva

1 – Para efeitos da alínea b) do artigo 14.º, o estatuto de utilidade pública desportiva só pode ser atribuído a pessoas colectivas titulares do estatuto de mera utilidade pública.

2 – As condições de atribuição, por período determinado, do estatuto de utilidade pública desportiva, bem como a sua suspensão e cancelamento, são definidas por lei.

Artigo 21.º

Fiscalização

A fiscalização do exercício dos poderes públicos, bem como do cumprimento das regras legais de organização e funcionamento internos das federações desportivas é efectuada, nos termos da lei, por parte da Administração Pública, mediante a realização de inquéritos, inspecções e sindicâncias.

Subsecção III

Organização das competições desportivas profissionais

Artigo 22.º

Ligas profissionais

1 – As federações unidesportivas em que se disputem competições desportivas de natureza profissional, como tal definidas na lei, integram

uma liga profissional, sob a forma de associação sem fins lucrativos, com personalidade jurídica e autonomia administrativa, técnica e financeira.

2 – As ligas profissionais exercem, por delegação das respectivas federações, as competências relativas às competições de natureza profissional, nomeadamente:

> *a*) Organizar e regulamentar as competições de natureza profissional, respeitando as regras técnicas definidas pelos competentes órgãos federativos nacionais e internacionais;
>
> *b*) Exercer, relativamente aos seus associados, as funções de controlo e supervisão que sejam estabelecidas na lei ou nos respectivos estatutos e regulamentos;
>
> *c*) Definir os pressupostos desportivos, financeiros e de organização de acesso às competições profissionais, bem como fiscalizar a sua execução pelas entidades nelas participantes.

3 – As ligas profissionais são integradas, obrigatoriamente, pelos clubes e sociedades desportivas que disputem as competições profissionais.

4 – As ligas profissionais podem ainda, nos termos da lei e dos respectivos estatutos, integrar representantes de outros agentes desportivos.

Artigo 23.º

Relações da federação desportiva com a liga profissional

1 – O relacionamento entre a federação desportiva e a respectiva liga profissional é regulado por contrato a celebrar entre essas entidades, nos termos da lei.

2 – No contrato mencionado no número anterior deve acordar-se, entre outras matérias, sobre o número de clubes que participam na competição desportiva profissional, o regime de acesso entre as competições desportivas não profissionais e profissionais, a organização da actividade das selecções nacionais e o apoio à actividade desportiva não profissional.

3 – Os quadros competitivos geridos pela liga profissional constituem o nível mais elevado das competições desportivas desenvolvidas no âmbito da respectiva federação.

4 – Na falta de acordo entre a federação desportiva e a respectiva liga profissional para a celebração ou renovação do contrato a que se refere o n.º 1, compete ao Conselho Nacional do Desporto regular, provisoriamente e até que seja obtido consenso entre as partes, as matérias

referidas no n.º 2, com excepção do apoio à actividade desportiva não profissional que fica submetido ao regime de arbitragem constante da Lei n.º 31/86, de 29 de Agosto.

Artigo 24.º
Regulamentação das competições desportivas profissionais

1 – Compete à liga profissional elaborar e aprovar o respectivo regulamento de competição.

2 – A liga profissional elabora e aprova, igualmente, os respectivos regulamentos de arbitragem e disciplina, que submete a ratificação pela assembleia geral da federação no seio da qual se insere, nos termos da lei.

Artigo 25.º
Disciplina e arbitragem

1 – Nas federações desportivas em que se disputem competições de natureza profissional, o órgão de arbitragem e de disciplina deve estar organizado em secções especializadas, conforme a natureza da competição.

2 – A arbitragem é estruturada de forma a que as entidades que designam os árbitros para as competições sejam necessariamente diferentes das entidades que avaliam a prestação dos mesmos.

Secção III
Clubes e sociedades desportivas

Artigo 26.º
Clubes desportivos

1 – São clubes desportivos as pessoas colectivas de direito privado, constituídas sob a forma de associação sem fins lucrativos, que tenham como escopo o fomento e a prática directa de modalidades desportivas.

2 – Os clubes desportivos participantes nas competições profissionais ficam sujeitos ao regime especial de gestão, definido na lei, salvo se adoptarem a forma de sociedade desportiva com fins lucrativos.

Artigo 27.º

Sociedades desportivas

1 – São sociedades desportivas as pessoas colectivas de direito privado, constituídas sob a forma de sociedade anónima, cujo objecto é a participação em competições desportivas, a promoção e organização de espectáculos desportivos e o fomento ou desenvolvimento de actividades relacionadas com a prática desportiva profissionalizada no âmbito de uma modalidade.

2 – A lei define o regime jurídico das sociedades desportivas, salvaguardando, entre outros objectivos, a defesa dos direitos dos associados do clube fundador, do interesse público e do património imobiliário, bem como o estabelecimento de um regime fiscal adequado à especificidade destas sociedades.

CAPÍTULO IV

Actividade física e prática desportiva

Secção I

Actividade física e prática desportiva

Artigo 28.º

Estabelecimentos de educação e ensino

1 – A educação física e o desporto escolar devem ser promovidos no âmbito curricular e de complemento curricular, em todos os níveis e graus de educação e ensino, como componentes essenciais da formação integral dos alunos, visando especificamente a promoção da saúde e condição física, a aquisição de hábitos e condutas motoras e o entendimento do desporto como factor de cultura.

2 – As actividades desportivas escolares devem valorizar a participação e o envolvimento dos jovens, dos pais e encarregados de educação e das autarquias locais na sua organização, desenvolvimento e avaliação.

3 – As instituições de ensino superior definem os princípios reguladores da prática desportiva das respectivas comunidades, reconhecendo-se a relevância do associativismo estudantil e das respectivas estruturas diri-

gentes em sede de organização e desenvolvimento da prática do desporto neste âmbito.

Artigo 29.º
Pessoas com deficiência

A actividade física e a prática desportiva por parte das pessoas com deficiência é promovida e fomentada pelo Estado, Regiões Autónomas e autarquias locais com as ajudas técnicas adequadas, adaptada às respectivas especificidades, tendo em vista a plena integração e participação sociais, em igualdade de oportunidades com os demais cidadãos.

Artigo 30.º
Jogos tradicionais

Os jogos tradicionais, como parte integrante do património cultural específico das diversas regiões do País, são fomentados e apoiados pelo Estado, Regiões Autónomas e autarquias locais.

Artigo 31.º
Desporto na natureza

1 – A actividade física e a prática desportiva em espaços naturais devem reger-se pelos princípios do respeito pela natureza e da preservação dos seus recursos, bem como pela observância das normas dos instrumentos de gestão territorial vigentes, nomeadamente das que respeitam às áreas classificadas, de forma a assegurar a conservação da diversidade biológica, a protecção dos ecossistemas e a gestão dos recursos, dos resíduos e da preservação do património natural e cultural.

2 – As actividades mencionadas no número anterior devem contribuir para a divulgação e interpretação do património natural e cultural, a sensibilização e educação ambientais e a promoção do turismo de natureza.

Artigo 32.º
Provas ou manifestações desportivas em espaços públicos

1 – Deve ser obrigatoriamente precedida de parecer, a emitir pela respectiva federação desportiva, a realização de provas ou manifestações desportivas, que cumulativamente:

a) Decorram na via pública ou demais espaços públicos;
b) Estejam abertas à participação de praticantes inscritos nas federações desportivas; e
c) No âmbito das quais se atribuam prémios, em dinheiro ou em espécie, superiores a montante a fixar na lei.

2 – A federação desportiva competente deve homologar o regulamento da prova ou manifestação desportiva referida no número anterior, a fim de assegurar o respeito pelas regras de protecção da saúde e segurança dos participantes, bem como o cumprimento das regras técnicas da modalidade.

3 – As provas ou manifestações desportivas referidas nos números anteriores são inscritas no calendário da federação respectiva.

Artigo 33.º
Associações promotoras de desporto

São associações promotoras de desporto as entidades, sem fins lucrativos, que têm por objecto a promoção e organização de actividades físicas e desportivas, com finalidades lúdicas, formativas ou sociais, não compreendidas na área de actuação própria das federações desportivas, cujo regime jurídico é definido na lei.

Secção II
Agentes desportivos

Artigo 34.º
Praticantes desportivos

1 – O estatuto do praticante desportivo é definido de acordo com o fim dominante da sua actividade, entendendo-se como profissionais aqueles que exercem a actividade desportiva como profissão exclusiva ou principal.

2 – O regime jurídico contratual dos praticantes desportivos profissionais e do contrato de formação desportiva é definido na lei, ouvidas as entidades sindicais representativas dos interessados, tendo em conta a sua especificidade em relação ao regime geral do contrato de trabalho.

ARTIGO 35.º
Formação de técnicos

1 – A lei define as qualificações necessárias ao exercício das diferentes funções técnicas na área da actividade física e do desporto, bem como o processo de aquisição e de actualização de conhecimentos para o efeito, no quadro da formação profissional inserida no mercado de emprego.

2 – Não é permitido, nos casos especialmente previstos na lei, o exercício de profissões nas áreas da actividade física e do desporto, designadamente no âmbito da gestão desportiva, do exercício e saúde, da educação física e do treino desportivo, a título de ocupação principal ou secundária, de forma regular, sazonal ou ocasional, sem a adequada formação académica ou profissional.

ARTIGO 36.º
Titulares de cargos dirigentes desportivos

A lei define os direitos e deveres dos titulares de cargos dirigentes desportivos.

ARTIGO 37.º
Empresários desportivos

1 – São empresários desportivos, para efeitos do disposto na presente lei, as pessoas singulares ou colectivas que, estando devidamente credenciadas, exerçam a actividade de representação ou intermediação, ocasional ou permanente, mediante remuneração, na celebração de contratos de formação desportiva, de trabalho desportivo ou relativos a direitos de imagem.

2 – O empresário desportivo não pode agir em nome e por conta de praticantes desportivos menores de idade.

3 – Os factos relativos à vida pessoal ou profissional dos agentes desportivos de que o empresário desportivo tome conhecimento em virtude das suas funções, estão abrangidos pelo sigilo profissional.

4 – A lei define o regime jurídico dos empresários desportivos.

Artigo 38.º
Apoio ao voluntariado

1 – O Estado reconhece o papel essencial dos agentes desportivos em regime de voluntariado, na promoção e no apoio ao desenvolvimento da actividade física e do desporto, sendo garantidas as condições necessárias à boa prossecução da missão socialmente relevante que lhes compete.

2 – A lei define as medidas de apoio aos agentes desportivos em regime de voluntariado.

Artigo 39.º
Regime de incompatibilidades

A lei define o regime jurídico de incompatibilidades aplicável aos agentes desportivos.

Secção III
Protecção dos agentes desportivos

Artigo 40.º
Medicina desportiva

1 – O acesso à prática desportiva, no âmbito das federações desportivas, depende de prova bastante da aptidão física do praticante, a certificar através de exame médico que declare a inexistência de quaisquer contra--indicações, a regulamentar em legislação complementar.

2 – No âmbito das actividades físicas e desportivas não incluídas no número anterior, constitui especial obrigação do praticante assegurar-se, previamente, de que não tem quaisquer contra-indicações para a sua prática.

3 – Incumbe aos serviços de medicina desportiva da administração central do Estado a investigação e a participação em acções de formação, bem como a prestação de assistência médica especializada ao praticante desportivo, designadamente no quadro do regime do alto rendimento, no apoio às selecções nacionais e, quando solicitado, para tratamento de lesões.

4 – O disposto no n.º 1, com as devidas adaptações, aplica-se aos árbitros.

Artigo 41.º
Segurança social

O sistema de segurança social dos praticantes e demais agentes desportivos é definido no âmbito do regime geral da segurança social, e no caso dos praticantes profissionais e de alto rendimento, respeitando a especificidade das suas carreiras contributivas.

Artigo 42.º
Seguros

1 – É garantida a institucionalização de um sistema de seguro obrigatório dos agentes desportivos inscritos nas federações desportivas, o qual, com o objectivo de cobrir os particulares riscos a que estão sujeitos, protege em termos especiais o praticante desportivo de alto rendimento.

2 – Tendo em vista garantir a protecção dos praticantes não compreendidos no número anterior, é assegurada a institucionalização de um sistema de seguro obrigatório para:

a) Infra-estruturas desportivas abertas ao público;
b) Provas ou manifestações desportivas.

3 – A lei define as modalidades e os riscos cobertos pelos seguros obrigatórios referidos nos números anteriores.

Artigo 43.º
Obrigações das entidades prestadoras de serviços desportivos

As entidades que proporcionam actividades físicas ou desportivas, que organizam eventos ou manifestações desportivas ou que exploram instalações desportivas abertas ao público, ficam sujeitas ao definido na lei, tendo em vista a protecção da saúde e da segurança dos participantes nas mesmas, designadamente no que se refere:

a) Aos requisitos das instalações e equipamentos desportivos;
b) Aos níveis mínimos de formação do pessoal que enquadre estas actividades ou administre as instalações desportivas;

c) À existência obrigatória de seguros relativos a acidentes ou doenças decorrentes da prática desportiva.

Secção IV

Alto rendimento

Artigo 44.º

Medidas de apoio

1 – Considera-se desporto de alto rendimento, para efeitos do disposto na presente lei, prática desportiva que visa a obtenção de resultados de excelência, aferidos em função dos padrões desportivos internacionais, sendo objecto de medidas de apoio específicas.

2 – As medidas referidas no número anterior são estabelecidas de forma diferenciada, abrangendo o praticante desportivo, bem como os técnicos e árbitros participantes nos mais altos escalões competitivos, a nível nacional e internacional.

3 – Os agentes desportivos abrangidos pelo regime de alto rendimento beneficiam, também, de medidas de apoio após o fim da sua carreira, nos termos e condições a definir em legislação complementar.

Artigo 45.º

Selecções nacionais

A participação nas selecções ou em outras representações nacionais é classificada como missão de interesse público e, como tal, objecto de apoio e de garantia especial por parte do Estado.

CAPÍTULO V

Apoios financeiros e fiscalidade

Artigo 46.º

Apoios financeiros

1 – Sem prejuízo do disposto no número seguinte, podem beneficiar de apoios ou comparticipações financeiras por parte do Estado, das Regiões

Autónomas e das autarquias locais as associações desportivas, bem como os eventos desportivos de interesse público como tal reconhecidos por despacho de membro do Governo responsável pela área do desporto.

2 – Os clubes desportivos participantes em competições desportivas de natureza profissional não podem beneficiar, nesse âmbito, de apoios ou comparticipações financeiras por parte do Estado, das Regiões Autónomas e das autarquias locais, sob qualquer forma, salvo no tocante à construção ou melhoramento de infra-estruturas ou equipamentos desportivos com vista à realização de competições desportivas de interesse público, como tal reconhecidas pelo membro do Governo responsável pela área do desporto.

3 – Os apoios ou comparticipações financeiras concedidas pelo Estado, pelas Regiões Autónomas e pelas autarquias locais, na área do desporto, são tituladas por contratos-programa de desenvolvimento desportivo, nos termos da lei.

4 – As entidades beneficiárias de apoios ou comparticipações financeiras por parte do Estado, das Regiões Autónomas e das autarquias locais na área do desporto, ficam sujeitas a fiscalização por parte da entidade concedente, bem como à obrigação de certificação das suas contas quando os montantes concedidos sejam superiores ao limite para esse efeito definido no regime jurídico dos contratos-programa de desenvolvimento desportivo.

5 – As federações desportivas, ligas profissionais e associações de âmbito territorial têm obrigatoriamente de possuir contabilidade organizada segundo as normas do Plano Oficial de Contabilidade, adaptadas, se disso for caso, ao plano de contas sectorial aplicável ao desporto.

6 – O disposto no número anterior aplica-se, também, aos clubes desportivos e sociedades desportivas, com as adaptações constantes de regulamentação adequada à competição em que participem.

7 – Sem prejuízo de outras consequências que resultem da lei, não podem beneficiar de novos apoios financeiros por parte do Estado, das Regiões Autónomas e das autarquias locais, as entidades que estejam em situação de incumprimento das suas obrigações fiscais ou para com a segurança social, devendo ser suspensos os benefícios financeiros decorrentes de quaisquer contratos-programa em curso enquanto a situação se mantiver.

Artigo 47.º
Contratos-programa

1 – A concessão de apoios ou comparticipações financeiras na área do desporto, mediante a celebração de contratos-programa, depende, nomeadamente, da observância dos seguintes requisitos:

a) Apresentação de programas de desenvolvimento desportivo e sua caracterização pormenorizada, com especificação das formas, dos meios e dos prazos para o seu cumprimento;
b) Apresentação dos custos e aferição dos graus de autonomia financeira, técnica, material e humana, previstos nos programas referidos na alínea anterior;
c) Identificação de outras fontes de financiamento, previstas ou concedidas.

2 – Os apoios previstos no artigo anterior encontram-se exclusivamente afectos às finalidades para as quais foram atribuídos, sendo insusceptíveis de apreensão judicial ou oneração.

Artigo 48.º
Regimes fiscais

1 – O regime fiscal para a tributação dos agentes desportivos é estabelecido de modo específico e, no caso dos praticantes desportivos, de acordo com parâmetros ajustados à natureza de profissões de desgaste rápido.

2 – As bolsas atribuídas ao abrigo do regime geral de apoio ao alto rendimento, por entidades de natureza pública e ou privada, destinam-se a apoiar os custos inerentes à preparação dos praticantes desportivos, sendo o seu regime fiscal estabelecido na lei.

3 – Nos termos do Estatuto do Mecenato, têm relevância fiscal os donativos em dinheiro ou em espécie concedidos sem contrapartidas que configurem obrigações de carácter pecuniário ou comercial às entidades públicas ou privadas nele previstas cuja actividade consista, predominantemente, na realização de iniciativas na área desportiva.

CAPÍTULO VI

Disposições finais

Artigo 49.º

Acesso a espectáculos desportivos

1 – A lei define as medidas de protecção dos consumidores, nomeadamente no que se refere à protecção dos interesses económicos e ao direito à informação prévia quanto ao valor a pagar nos espectáculos desportivos praticados ao longo da temporada.

2 – A entrada em recintos desportivos por parte de titulares do direito de livre trânsito, durante o período em que decorrem espectáculos desportivos com entradas pagas, só é permitida desde que estejam em efectivo exercício de funções e tal acesso seja indispensável ao cabal desempenho das mesmas, nos termos da lei.

Artigo 50.º

Situações especiais

1 – As políticas públicas promovem e incentivam a actividade física e desportiva nos estabelecimentos que acolhem cidadãos privados de liberdade, incluindo os destinados a menores e jovens sujeitos ao cumprimento de medidas e decisões aplicadas no âmbito do processo tutelar educativo.

2 – A organização e a realização de actividades desportivas no âmbito das Forças Armadas e das forças de segurança obedece a regras próprias, sem prejuízo da aplicação dos princípios gerais fixados na presente lei.

Artigo 51.º

Regulamentação

A presente lei, nas matérias que não sejam reserva da Assembleia da República, deve ser objecto de regulamentação, por decreto-lei, no prazo de 180 dias.

Artigo 52.º
Norma revogatória

É revogada a Lei n.º 30/2004, de 21 de Julho.

Aprovada em 7 de Dezembro de 2006.

O Presidente da Assembleia da República, Jaime Gama.

Promulgada em 6 de Janeiro de 2007.

Publique-se.

O Presidente da República, ANÍBAL CAVACO SILVA.

Referendada em 9 de Janeiro de 2007.

O Primeiro-Ministro, *José Sócrates Carvalho Pinto de Sousa.*

LIVRO BRANCO SOBRE O DESPORTO

(apresentado pela Comissão)

{SEC(2007) 932}
{SEC(2007) 934}
{SEC(2007) 935}
{SEC(2007) 936}

1. INTRODUÇÃO

> «*O desporto faz parte da herança de todos os homens e mulheres e a sua ausência nunca poderá ser compensada*»
> Pierre de Coubertin[1]

O desporto[2] é um fenómeno social e económico crescente, que contribui de forma importante para os objectivos estratégicos de solidariedade e prosperidade da União Europeia. O ideal olímpico do desenvolvimento do desporto para fomentar a paz e a compreensão entre nações e culturas, assim como a educação dos jovens, nasceu na Europa e foi promovido pelo Comité Olímpico Internacional e pelos comités olímpicos europeus.

---

[1] Pierre de Coubertin (1863-1937), pedagogo e historiador francês, fundador dos Jogos Olímpicos da era moderna.

[2] Por uma questão de clareza e simplicidade, o presente Livro Branco utiliza a definição de «desporto» estabelecida pelo Conselho da Europa: «todas as formas de actividade física que, através da participação ocasional ou organizada, visam exprimir ou melhorar a condição física e o bem-estar mental, constituindo relações sociais ou obtendo resultados nas competições a todos os níveis».

O desporto atrai os cidadãos europeus: a maioria deles participa regularmente em actividades desportivas. Gera valores importantes, como o espírito de equipa, a solidariedade, a tolerância e a competição leal *(fair play)*, contribuindo assim para o desenvolvimento e a realização pessoais. Promove a contribuição activa dos cidadãos comunitários para a sociedade e, consequentemente, a cidadania activa. A Comissão reconhece o papel essencial do desporto na sociedade europeia, em particular quando esta precisa de se aproximar mais dos cidadãos e de lidar com as questões que a eles dizem directamente respeito.

Contudo, o desporto é igualmente confrontado com as novas ameaças e desafios emergentes na sociedade europeia, como a pressão comercial, a exploração dos desportistas jovens, a dopagem, o racismo, a violência, a corrupção e o branqueamento de capitais.

A presente iniciativa assinala a primeira vez que a Comissão aborda os problemas relacionados com o desporto de forma abrangente

O seu objectivo global consiste em dar uma orientação estratégica ao papel do desporto na Europa, incentivar o debate sobre problemas específicos, aumentar a visibilidade do desporto na elaboração das políticas comunitárias e sensibilizar o público para as necessidades e especificidades do sector. Visa igualmente ilustrar questões importantes, como a aplicação do direito comunitário ao desporto, e definir novas acções de âmbito comunitário em matéria de desporto.

O presente Livro Branco não parte do zero; o desporto está sujeito à aplicação do acervo comunitário e as políticas europeias em vigor numa série de domínios têm já um impacto considerável e crescente sobre o desporto.

O importante papel do desporto na sociedade europeia e a sua natureza específica foram reconhecidos em Dezembro de 2000 na Declaração do Conselho Europeu relativa às características específicas do desporto e à sua função social na Europa, que devem ser tidas em conta na aplicação das políticas comuns («Declaração de Nice»). Nos termos desta declaração, as organizações desportivas e os Estados-Membros têm uma responsabilidade primordial na condução dos assuntos desportivos, cabendo o papel principal às federações desportivas. Precisa também que as organizações desportivas devem cumprir a sua missão de organizar e promover as respectivas disciplinas «no respeito das legislações nacionais e comunitárias»

Ao mesmo tempo, reconhece que «na sua acção ao abrigo das diferentes disposições do Tratado, a Comunidade deve ter em conta, embora não disponha de competências directas neste domínio, as funções sociais, educativas e culturais do desporto, fundamento da sua especificidade, a fim de respeitar e de promover a ética e a solidariedade necessárias à preservação da sua função social» As instituições europeias reconheceram a especificidade do papel que o desporto, cujas estruturas se baseiam no voluntariado, desempenha na sociedade europeia, em termos de saúde, educação, integração social e cultura.

O Parlamento Europeu acompanhou com grande interesse os vários desafios com que se depara o desporto europeu, tendo, nos últimos anos, analisado regularmente questões relacionadas com o desporto.

Para a preparação deste Livro Branco, a Comissão consultou as partes interessadas no desporto sobre questões de interesse comum; procedeu igualmente a uma consulta em linha. Estas consultas demonstraram que existem expectativas consideráveis quanto ao papel a desempenhar pelo desporto na Europa e à acção da UE neste domínio.

Este Livro Branco concentra-se essencialmente na função social, na dimensão económica e na organização do desporto na Europa, bem como no seguimento das medidas nele propostas

As propostas concretas de medidas comunitárias estão reunidas num plano de acção baptizado «Pierre de Coubertin», que descreve as actividades a desenvolver ou a apoiar pela Comissão

Os serviços da Comissão redigiram um documento de trabalho contendo os antecedentes e o contexto das propostas, que inclui anexos relativos ao desporto e às regras de concorrência comunitárias, ao desporto e às liberdades do mercado interno e às consultas às partes interessadas.

2. A FUNÇÃO SOCIAL DO DESPORTO

O desporto é uma área da actividade humana que interessa grandemente aos cidadãos da União Europeia e tem um enorme potencial para os aproximar, pois destina-se a todos, independentemente da idade ou da origem social. De acordo com o inquérito Eurobarómetro de Novembro de 2004[3],

---

[3] Eurobarómetro especial (2004): *The Citizens of the European Union and Sport.*

aproximadamente 60% dos cidadãos europeus participam regularmente em actividades desportivas, integrados ou não nos cerca de 700 000 clubes existentes, os quais são, por sua vez, membros de um grande número de associações e federações. A grande maioria das actividades desportivas tem lugar em estruturas amadoras. O desporto profissional assume uma importância cada vez maior, contribuindo igualmente para a função social do desporto. Para além de melhorar a saúde dos cidadãos europeus, o desporto tem uma dimensão educativa e desempenha uma função social, cultural e recreativa. A função social do desporto tem igualmente o potencial de reforçar as relações externas da União

2.1 Melhorar a saúde pública graças à actividade física

A falta de actividade física favorece a ocorrência de excesso de peso, de obesidade e de algumas patologias crónicas, como as doenças cardiovasculares e a diabetes, que diminuem a qualidade de vida, põem em risco as vidas dos indivíduos e sobrecarregam os orçamentos da saúde e a economia.

O Livro Branco da Comissão sobre uma estratégia para a Europa em matéria de problemas de saúde ligados à nutrição, ao excesso de peso e à obesidade[4] salienta a necessidade de se tomarem medidas pró-activas para inverter a tendência para o declínio da actividade física; as medidas propostas no domínio da actividade física nos dois livros brancos complementar-se-ão mutuamente.

O movimento desportivo tem maior influência do que qualquer outro movimento social no aumento das actividades físicas benéficas para a saúde. O desporto atrai as pessoas e tem uma imagem positiva. Contudo, o reconhecido potencial desse movimento para promover o aumento das actividades físicas benéficas para a saúde continua ainda a ser pouco realçado, pelo que precisa de ser fomentado.

A Organização Mundial da Saúde (OMS) recomenda um mínimo de 30 minutos diários de actividade física moderada (que inclui mas não se limita ao desporto) para os adultos e de 60 minutos para as crianças. Os poderes públicos e as organizações privadas nos Estados-Membros devem todos contribuir para a prossecução deste objectivo. Estudos recentes tendem a mostrar que os progressos registados não são suficientes

---

[4] COM(2007) 279 final de 30.5.2007.

> (1) A Comissão propõe-se elaborar, juntamente com os Estados-
> -Membros, novas orientações em matéria de actividade física antes do
> final de 2008

A Comissão recomenda que a cooperação entre os sectores da saúde, da educação e do desporto seja reforçada a nível ministerial nos Estados-
-Membros, com o propósito de definir e aplicar estratégias coerentes para reduzir o excesso de peso, a obesidade e os outros riscos para a saúde. Neste contexto, insta os Estados-Membros a estudar a melhor maneira de promover o conceito de vida activa através dos sistemas nacionais de educação e formação, incluindo através da formação de professores.

As organizações desportivas são, por sua vez, incentivadas a ter em conta o seu potencial para aumentar as actividades físicas benéficas para a saúde e a empreender actividades com esta finalidade. A Comissão irá facilitar o intercâmbio de informação e de boas práticas, em particular no que diz respeito aos jovens, dando prioridade ao desporto de base

> (2) A Comissão irá apoiar a rede europeia de promoção das actividades físicas benéficas para a saúde (HEPA, de *Health-Enhancing Physical Activity*) e, se necessário, redes menores e mais especializadas para tratarem de aspectos específicos deste tema.
>
> A Comissão vai fazer das actividades físicas benéficas para a saúde a pedra angular das suas acções relacionadas com o desporto e tomará esta prioridade mais em consideração nos instrumentos financeiros pertinentes, designadamente:
>
> - o 7.º Programa-Quadro em Matéria de Investigação e Desenvolvimento Tecnológico (aspectos da saúde relacionados com o estilo de vida);
> - o programa de Saúde Pública 2007-2013;
> - os programas Juventude e Cidadania (cooperação entre organizações desportivas, escolas, sociedade civil, pais e outros parceiros a nível local);
> - O programa Aprendizagem ao Longo da Vida (formação de professores e cooperação entre escolas)

2.2 Unir esforços na luta contra a dopagem

A dopagem representa uma ameaça para o desporto em todo o mundo, incluindo na Europa: mina o princípio da concorrência aberta e leal, constitui um factor de desmotivação para o desporto em geral e deixa os profissionais em situação de pressão desmesurada. Além disso, afecta negativamente a imagem do desporto e constitui uma séria ameaça à saúde individual. A nível europeu, a luta contra a dopagem deve incluir medidas que visem tanto o cumprimento da legislação como a preocupação com a saúde e a prevenção

> (4) Poder-se-iam criar parcerias entre os organismos responsáveis pela aplicação da legislação nos Estados-Membros (guardas de fronteira, polícia nacional e local, alfândegas, etc.), os laboratórios acreditados pela Agência Mundial Antidopagem (AMA) e a INTERPOL para, em tempo oportuno e de forma segura, trocar informação sobre as novas substâncias e práticas de dopagem. A UE poderia apoiar estes esforços ministrando cursos de formação e estabelecendo ligações em rede entre os vários centros de formação para os agentes dos serviços responsáveis pela aplicação da legislação.

A Comissão recomenda que o tráfico de substâncias de dopagem seja tratado da mesma maneira que o tráfico de drogas ilícitas em toda a UE.

A Comissão exorta todos os actores com responsabilidades na saúde pública a tomar em consideração os riscos da dopagem para a saúde. Convida igualmente as organizações desportivas a definir regras de boas práticas para garantir que os jovens desportistas estejam mais bem informados em relação às substâncias dopantes, aos medicamentos vendidos com receita médica que as possam conter e às respectivas implicações para a saúde.

A UE teria vantagem em ver implementada uma abordagem mais coordenada de luta contra a dopagem, em particular mediante a definição de posições comuns em relação ao Conselho da Europa, à AMA e à UNESCO, bem como através da troca de informação e de boas práticas entre governos, agências nacionais antidopagem e laboratórios. A correcta aplicação, pelos Estados-Membros, da Convenção da UNESCO contra a dopagem no desporto é particularmente importante neste contexto.

(5) A Comissão irá funcionar como mediador, apoiando, por exemplo, a criação da rede de agências nacionais antidopagem dos Estados-Membros.

2.3 Reforçar o papel do desporto na educação e na formação

Graças ao papel que desempenha na educação formal e não formal, o desporto reforça o capital humano da Europa. Os valores veiculados pelo desporto contribuem para desenvolver os conhecimentos, a motivação, as competências e a disponibilidade para fazer esforços pessoais. O tempo consagrado às actividades desportivas na escola e na universidade tem efeitos benéficos para a saúde e para a educação, que têm de ser valorizados.

Com base na experiência adquirida durante o Ano Europeu da Educação pelo Desporto 2004, a Comissão encoraja o apoio ao desporto e à actividade física através de várias iniciativas políticas no domínio da educação e da formação, incluindo o desenvolvimento de competências sociais e cívicas, em conformidade com a Recomendação sobre as competências essenciais para a aprendizagem ao longo da vida[5].

(6) O desporto e a actividade física podem ser apoiados através do programa Aprendizagem ao Longo da Vida. Promover a participação em oportunidades educativas através do desporto é, assim, uma prioridade para as parcerias escolares apoiadas pelo programa Comenius; para as acções estruturadas no domínio do ensino e da formação profissionais do programa Leonardo da Vinci; para as redes temáticas e os projectos de mobilidade no domínio do ensino superior, apoiados pelo programa Erasmus; e ainda para os projectos multilaterais no domínio da educação de adultos, apoiados pelo programa Grundtvig

(7) O sector do desporto pode igualmente requerer apoio através dos vários convites à apresentação de candidaturas para a aplicação

---

[5] Recomendação do Parlamento Europeu e do Conselho, de 18 de Dezembro de 2006, sobre as competências essenciais para a aprendizagem ao longo da vida (Jornal Oficial L 394 de 30.12.2006).

> do Quadro Europeu de Qualificações (QEQ) e do sistema europeu de créditos de aprendizagem para o ensino e a formação profissionais (ECVET). O sector do desporto tem estado envolvido no desenvolvimento do QEQ e beneficia de apoio financeiro para 2007/2008 e, dada a elevada mobilidade profissional dos desportistas, e sem prejuízo da Directiva 2005/36/CE relativa ao reconhecimento das qualificações profissionais, o desporto pode igualmente ser identificado como sector--piloto para a aplicação do ECVET, com o propósito de aumentar a transparência dos sistemas nacionais de competências e qualificações.
>
> (8) A Comissão irá criar um rótulo europeu que será atribuído às escolas que activamente apoiem e promovam a prática de actividades físicas em ambiente escolar.

A fim de assegurar a reintegração dos desportistas profissionais no mercado de trabalho no final das suas carreiras desportivas, a Comissão salienta a importância de ter em conta, desde o início, a necessidade de ministrar aos jovens desportistas uma formação dupla e de criar centros de formação locais de grande qualidade para proteger os seus interesses morais, educativos e profissionais.

A Comissão lançou um estudo sobre a formação dos jovens desportistas na Europa, cujos resultados poderão vir a ser tidos em consideração nas políticas e nos programas acima mencionados.

O investimento e a promoção, em condições apropriadas, da formação dos jovens desportistas talentosos são cruciais para o desenvolvimento sustentável do desporto a todos os níveis. A Comissão salienta que os sistemas de formação para jovens desportistas talentosos devem estar abertos a todos e não podem levar a discriminações entre cidadãos comunitários com base na nacionalidade

> (9) As regras que impõem às equipas uma determinada quota de jogadores formados localmente poderiam ser consideradas compatíveis com o Tratado, se não levarem à discriminação directa com base na nacionalidade e se os possíveis efeitos discriminatórios indirectos delas resultantes puderem ser justificados como sendo proporcionais a um objectivo legítimo prosseguido, que pode ser, por exemplo, reforçar e proteger a formação e o desenvolvimento dos jovens jogadores

com talento. O estudo actualmente em curso sobre a formação dos jovens desportistas na Europa irá contribuir com dados valiosos para esta análise

2.4 Promover o voluntariado e a cidadania activa através do desporto

A participação numa equipa, os princípios como o jogo leal *(fair play)*, o cumprimento das regras do jogo, o respeito pelo outro, a solidariedade e a disciplina, assim como a organização dos desportos amadores, que deve ser feita com base em clubes sem fins lucrativos e no voluntariado, reforçam a cidadania activa. A prática do voluntariado em organizações desportivas proporciona muitas ocasiões de educação não formal, que têm de ser reconhecidas e encorajadas. O desporto apresenta igualmente possibilidades atractivas para o empenho e a participação dos jovens na sociedade e pode contribuir para evitar que estes resvalem para a delinquência.

Observa-se, contudo, uma mudança na maneira como as pessoas, nomeadamente os jovens, praticam desporto. Existe uma tendência crescente para o fazer individualmente e não de forma colectiva e inserida numa estrutura organizada, o que resulta no declínio do número de voluntários nos clubes desportivos amadores.

(10) A Comissão irá, em conjunto com os Estados-Membros, proceder à identificação dos principais desafios que se levantam às organizações desportivas sem fins lucrativos e das principais características dos serviços prestados por essas organizações

(11) A Comissão apoiará o desporto de base através do programa Europa para os Cidadãos

(12) Além disso, irá apresentar propostas no sentido de incentivar os jovens a tornarem-se voluntários no desporto, através do programa Juventude em Acção, em domínios como os intercâmbios de jovens e a prestação voluntária de serviços em manifestações desportivas

(13) A Comissão desenvolverá ainda as trocas de informação e de boas práticas em matéria de voluntariado no desporto, associando

> a essas diligências os Estados-Membros, as organizações desportivas e as autoridades locais
>
> (14) A fim de melhor integrar as exigências e as necessidades específicas do sector do desporto nas decisões políticas a nível nacional e europeu, a Comissão irá lançar um estudo de alcance europeu sobre o voluntariado no desporto

2.5 Utilizar o potencial do desporto para favorecer a inclusão social, a integração e a igualdade de oportunidades

O desporto contribui de forma importante para a coesão económica e social e para uma maior integração na sociedade. Todos os residentes devem ter acesso ao desporto. Por conseguinte, há que ter em conta as necessidades e a situação específicas dos grupos sub-representados e o papel especial que o desporto pode representar para os jovens, as pessoas com deficiência e os mais desfavorecidos. O desporto pode igualmente facilitar a integração na sociedade dos migrantes e das pessoas de origem estrangeira e promover o diálogo intercultural.

O desporto fomenta a noção comum de pertença e de participação, pelo que pode também constituir um instrumento importante para a integração dos imigrantes. É neste contexto que se revela importante disponibilizar espaços para a prática de desporto e apoiar as actividades com ele relacionadas, para permitir aos imigrantes e à sociedade de acolhimento interagir de forma positiva. A Comissão considera que as políticas, as acções e os programas da União Europeia e dos Estados-Membros podem explorar mais eficazmente o potencial do desporto enquanto instrumento de inclusão social. O desporto pode contribuir para a criação de emprego e para o crescimento económico e a revitalização, em particular nas regiões desfavorecidas. As actividades desportivas não lucrativas que contribuem para a coesão social e a inclusão social dos grupos vulneráveis podem ser consideradas como serviços sociais de interesse geral.

O método aberto de coordenação em matéria de protecção social e inclusão social continuará a utilizar o desporto como instrumento e indicador. Os estudos, seminários, conferências, propostas políticas e planos de acção passarão a incluir o acesso ao desporto e/ou a pertença a estruturas desportivas sociais como elementos-chave para a análise da exclusão social.

(15) A Comissão irá sugerir aos Estados-Membros que o programa PROGRESS e os programas Aprendizagem ao Longo da Vida, Juventude em Acção e Europa para os Cidadãos passem a apoiar as acções que promovem a inclusão social pelo desporto e lutam contra a discriminação no desporto. No contexto da política de coesão, os Estados-Membros devem ter em conta, na programação do Fundo Social Europeu e do Fundo Europeu de Desenvolvimento Regional, o papel do desporto enquanto incentivo à inclusão social, à integração e à igualdade de oportunidades; além disso, são instados a promover acções ao abrigo do Fundo Europeu de Integração.

Além do mais, a Comissão exorta os Estados-Membros e as organizações desportivas a adaptarem as infra-estruturas desportivas às necessidades das pessoas com deficiência. Os Estados-Membros e as autoridades locais devem assegurar-se de que as instalações e os equipamentos desportivos são acessíveis a estas pessoas. Há que adoptar critérios específicos para garantir a igualdade de acesso ao desporto a todos os jovens em idade escolar, especificamente às crianças com deficiência. Será promovida a formação dos monitores, dos voluntários e do pessoal dos clubes e das organizações, para que melhor possam acolher estas pessoas. Nas consultas às partes interessadas no desporto, a Comissão empenha-se particularmente em manter o diálogo com os representantes dos desportistas com deficiência

(16) A Comissão, no seu plano de acção relativo à Estratégia da União Europeia para a Deficiência, terá em conta a importância do desporto para as pessoas com deficiência e apoiará as acções dos Estados-Membros neste domínio

(17) No âmbito do Roteiro para a Igualdade entre Homens e Mulheres 2006-2010, a Comissão incentivará a integração das questões relativas à igualdade dos géneros em todas as actividades ligadas ao desporto, concedendo especial atenção ao acesso que a ele têm as mulheres imigrantes e pertencentes a minorias étnicas, ao acesso das mulheres às posições de liderança no desporto e à cobertura mediática das mulheres no desporto.

2.6 Reforçar a prevenção e a luta contra o racismo e a violência

A violência que acompanha certos eventos desportivos, nomeadamente nos campos de futebol, continua a ser preocupante e pode assumir formas diferentes, tendo-se deslocado do interior dos estádios para o exterior e passado a afectar zonas urbanas. A Comissão está empenhada em contribuir para a prevenção de incidentes, através da promoção do diálogo com os Estados-Membros, as organizações internacionais (por exemplo, o Conselho da Europa), as organizações desportivas, os serviços responsáveis pela aplicação da legislação e outras partes interessadas (por exemplo, as organizações de apoiantes e as autoridades locais).

As autoridades responsáveis pela aplicação da legislação não podem erradicar sozinhas as causas subjacentes à violência no desporto.

A Comissão incentiva igualmente o intercâmbio de melhores práticas e de informação operacional sobre os apoiantes de risco entre os serviços policiais e/ou as autoridades desportivas. Será dada particular importância à formação da polícia em matéria de gestão de multidões e «hooliganismo»

O desporto diz respeito a todos os cidadãos, independentemente do sexo, raça, idade, deficiência, religião, convicções e orientação sexual, bem como do meio social ou económico de origem. A Comissão condenou já por diversas vezes todas as manifestações de racismo e xenofobia, que são incompatíveis com os valores da UE.

> (18) No que respeita às atitudes racistas e xenófobas, a Comissão continuará a promover o diálogo e o intercâmbio de melhores práticas no contexto dos quadros de cooperação existentes, como a rede FARE (Futebol contra o Racismo na Europa).

A Comissão recomenda às federações desportivas que instituam procedimentos para lidar com os actos racistas cometidos durante os jogos, com base em iniciativas existentes. Recomenda igualmente o reforço das disposições relativas à discriminação nos sistemas de licenciamento dos clubes (ver capítulo 4.7)

> A Comissão irá:
>
> (19) Promover – no respeito das regras nacionais e comunitárias aplicáveis – a troca, entre os serviços responsáveis pela aplicação da

legislação e as organizações desportivas, de informações operacionais, de saber-fazer e de experiência prática em matéria de prevenção dos incidentes violentos e racistas;

(20) Analisar as possibilidades de adoptar novos instrumentos jurídicos e outras normas aplicáveis em toda a UE para impedir a perturbação da ordem pública em eventos desportivos;

(21) Promover uma abordagem multidisciplinar de prevenção dos comportamentos anti-sociais, dando a prioridade às acções socioeducativas, como o *fan-coaching* (trabalho de longo prazo com os apoiantes para os levar a desenvolver uma atitude positiva e não violenta);

(22) Reforçar a cooperação regular e estruturada entre os serviços responsáveis pela aplicação da legislação, as organizações desportivas e as outras partes interessadas;

(23) Incentivar a utilização dos seguintes programas, a fim de contribuir para a prevenção e a luta contra a violência e o racismo no desporto: Juventude em Acção, Europa para os Cidadãos, DAPHNE III, Direitos Fundamentais e Cidadania, e Prevenir e Combater a Criminalidade;

(24) Organizar uma conferência de alto nível com as partes interessadas para discutir medidas de prevenção e de luta contra a violência e o racismo nos eventos desportivos

2.7 Partilhar os nossos valores com outras regiões do mundo

O desporto pode ter uma função a desempenhar em dois aspectos diferentes das relações externas da UE: pode ser integrado nos programas de ajuda externa e pode constituir um elemento de diálogo com os países parceiros no quadro da diplomacia pública da UE.

Através de acções concretas, o desporto tem potencial para fazer avançar a educação, a saúde, o desenvolvimento e a paz

(25) A Comissão irá promover a utilização do desporto enquanto instrumento da sua política de desenvolvimento. Irá, em particular:

• Promover o desporto e a educação física como elementos essenciais de uma educação de qualidade e como meios para

> tornar as escolas mais atractivas e melhorar a taxa de frequência escolar;
> * Orientar a sua acção para a melhoria do acesso das raparigas e das mulheres adultas à educação física e ao desporto, com o objectivo de as ajudar a ganhar confiança, melhorar a sua integração social, vencer os preconceitos e promover um estilo de vida saudável e o acesso das mulheres à educação;
> * Apoiar a promoção da saúde e as campanhas de sensibilização do público através do desporto

A UE irá ter o desporto em conta nas suas políticas de desenvolvimento e envidar todos os esforços para criar sinergias com programas existentes das Nações Unidas, dos Estados-Membros, das autoridades locais e de organismos privados. Irá também implementar acções complementares ou inovadoras em comparação com os programas e acções existentes. O memorando de acordo assinado em 2006 entre a Comissão e a FIFA para fazer do futebol uma força de desenvolvimento nos países ACP (África, Caraíbas e Pacífico) é disso um exemplo

> (26) A UE incluirá, sempre que for o caso, as questões relacionadas com o desporto – como as transferências internacionais de jogadores, a exploração dos jogadores menores de idade, a dopagem, o branqueamento de capitais através do desporto e a segurança nos principais eventos desportivos internacionais – no diálogo político e na cooperação que mantém com os países parceiros.

A criação de procedimentos rápidos em matéria de emissão de vistos e de imigração para, em especial, os desportistas de elite originários de países terceiros é importante para melhorar a atractividade internacional da UE. Para além do processo permanente de celebração de acordos que facilitem a obtenção de vistos com países terceiros e da consolidação do regime de vistos aplicável aos membros da família olímpica durante os Jogos Olímpicos, a UE precisa de desenvolver outros mecanismos de admissão (temporários) para os desportistas de países terceiros.

A Comissão irá prestar especial atenção ao sector do desporto:

(27) Na implementação da recentemente apresentada comunicação relativa à migração circular e às parcerias de mobilidade com países terceiros;

(28) Na elaboração de esquemas harmonizados para a admissão de várias categorias de nacionais de países terceiros para fins económicos com base no Plano de Acção sobre a Migração Legal, de 2005.

2.8 Apoiar o desenvolvimento sustentável

Tanto a prática do desporto como as instalações desportivas e os eventos desportivos têm um impacto significativo no ambiente. É importante encorajar uma gestão ambientalmente correcta, que tenha em conta, entre outros aspectos, o respeito do ambiente nos contratos públicos, as emissões de gases com efeito de estufa, a eficiência energética, a eliminação de resíduos e o tratamento do solo e da água. As organizações desportivas europeias e os organizadores de eventos desportivos devem definir objectivos ambientais, para que as suas actividades sejam ecologicamente sustentáveis. As organizações responsáveis que melhorem a sua credibilidade no domínio ambiental podem esperar obter vantagens específicas nos casos em que se candidatem a acolher eventos desportivos; podem também obter benefícios económicos devidos à utilização mais racional dos recursos naturais

A Comissão irá:

(29) Utilizar o diálogo estruturado que mantém com as principais organizações desportivas internacionais e europeias e com as outras partes interessadas no desporto para as incentivar – e aos respectivos membros – a participar no Sistema Comunitário de Ecogestão e Auditoria (EMAS) e no Sistema Comunitário de Atribuição de Rótulo Ecológico, e para promover estes programas voluntários durante os principais eventos desportivos;

(30) Promover uma política de contratação pública respeitadora do ambiente no diálogo político com os Estados-Membros e com as outras partes interessadas;

(31) Sensibilizar as partes interessadas, através de orientações desenvolvidas em colaboração com as mais pertinentes de entre elas (decisores políticos, PME, comunidades locais), para a necessidade de colaborar em parceria a nível regional para organizar eventos desportivos de forma sustentável;
(32) Integrar o desporto na componente «Informação e Comunicação» do novo programa LIFE+.

3. A DIMENSÃO ECONÓMICA DO DESPORTO

O desporto é um sector dinâmico e de rápido crescimento cujo impacto macroeconómico está a ser subestimado, e que pode contribuir para os objectivos de Lisboa em matéria de crescimento e de criação de emprego. Pode também contribuir para o desenvolvimento local e regional, a regeneração urbana e o desenvolvimento rural. O desporto tem sinergias com o turismo e pode estimular a modernização de infra-estruturas e a emergência de novas parcerias para o financiamento de instalações desportivas e de lazer.

Embora faltem, em geral, dados concretos e comparáveis sobre o peso económico do desporto, a importância deste é confirmada por estudos e análises das contas nacionais, pelo impacto económico das grandes manifestações desportivas e pelos custos da falta de actividade física, inclusivamente para a população mais idosa. Um estudo apresentado durante a Presidência austríaca, em 2006, indicou que o desporto, na acepção mais lata, gerou um valor acrescentado de 407 mil milhões de euros em 2004, representando 3,7% do PIB da UE, e criou emprego para 15 milhões de pessoas, ou seja, 5,4% da mão-de-obra[6]. Há que dar visibilidade a esta contribuição do desporto e acentuá-la nas políticas da UE.

Uma parte crescente do valor económico do desporto está ligada aos direitos de propriedade intelectual. Estes direitos dizem respeito aos direitos de autor, às comunicações comerciais, às marcas registadas, aos direitos de imagem e aos direitos de transmissão audiovisual. Num sector cada vez

---

[6] D. Dimitrov / C. Helmenstein / A. Kleissner / B. Moser / J. Schindler: *Die makroökonomischen Effekte des Sports in Europa*, Studie im Auftrag des Bundeskanzleramts, Sektion Sport, Viena, 2006.

mais globalizado e dinâmico, a aplicação eficaz dos direitos de propriedade intelectual em todo o mundo é cada vez mais essencial à saúde da economia desportiva. É igualmente importante dar aos destinatários a garantia de que podem aceder à distância aos eventos desportivos transfronteiriços na UE.

Por outro lado, apesar da importância económica global do desporto, a grande maioria das actividades desportivas tem lugar no quadro de estruturas sem fins lucrativos, muitas das quais dependem do apoio público para poderem oferecer a todos os cidadãos o acesso a actividades desportivas

3.1 Um passo em direcção às políticas do desporto baseadas em factos

O lançamento de acções políticas e o reforço da cooperação em matéria de desporto a nível da UE têm de ser sustentados por uma sólida base de conhecimentos. Há que reforçar a qualidade e a comparabilidade dos dados, a fim de melhorar o planeamento estratégico e a elaboração das políticas no domínio do desporto.

As partes interessadas – governamentais e não governamentais – instaram por diversas vezes a Comissão a elaborar uma definição estatística europeia do desporto, bem como a coordenar os esforços que visam produzir, com base nessa definição, estatísticas relativas ao desporto e estatísticas conexas.

(33) A Comissão, em estreita colaboração com os Estados-Membros, irá desenvolver um método estatístico europeu para medir o impacto económico do desporto como base para as contas estatísticas nacionais relativas ao desporto, o que, a seu tempo, poderá dar origem à criação de uma conta satélite europeia para o desporto.

(34) Além disso, há que continuar a levar a cabo, a intervalos regulares, os inquéritos de informação relativos ao desporto (por exemplo, sondagens Eurobarómetro), em particular para obter informações de natureza não económica que não possam ser obtidas com base nas contas estatísticas nacionais relativas ao desporto (por exemplo, taxas de participação, dados sobre o voluntariado, etc.).

> (35) A Comissão irá lançar um estudo para avaliar a contribuição directa (em termos de PIB, de crescimento e de emprego) e indirecta (através da educação, do desenvolvimento regional e da melhoria da atractividade da UE) do sector do desporto para a Agenda de Lisboa.
>
> (36) A Comissão irá organizar o intercâmbio de melhores práticas entre Estados-Membros e federações desportivas relativamente à organização de grandes eventos desportivos, com vista a promover o crescimento económico sustentável, a competitividade e o emprego.

3.2 Garantir maior segurança no apoio público ao desporto

As organizações desportivas dispõem de várias fontes de receitas: quotizações dos membros, venda de bilhetes, publicidade e patrocínio, direitos de transmissão audiovisual, redistribuição das receitas pelas federações desportivas, venda de produtos derivados, apoio público, etc. Contudo, algumas dessas organizações acedem muito mais facilmente aos recursos do sector privado do que outras, apesar de, em certos casos, existir um sistema eficaz de redistribuição No que diz respeito ao desporto de base, a igualdade de oportunidades e o livre acesso às actividades desportivas só podem ser garantidos através da participação empenhada das entidades públicas. A Comissão compreende a importância do apoio público para o desporto de base e para o desporto para todos e autoriza esse apoio, desde que concedido no respeito da legislação comunitária.

Em muitos Estados-Membros, o desporto é parcialmente financiado através de um imposto ou de uma taxa sobre os jogos/apostas ou lotarias geridos pelo Estado ou por ele autorizados. A Comissão convida os Estados-Membros a reflectir sobre esta matéria e a desenvolver um modelo de financiamento sustentável para apoiar as organizações desportivas a longo prazo.

> (37) À guisa de contribuição para a reflexão sobre o financiamento do desporto, a Comissão irá realizar um estudo independente sobre o financiamento – tanto público como privado – do desporto de base e do desporto para todos nos Estados-Membros, bem como sobre o impacto das constantes mudanças observadas neste domínio.

No domínio da fiscalidade indirecta, a legislação comunitária em matéria de IVA está definida na Directiva 2006/112/CE do Conselho, que visa garantir que a aplicação da legislação dos Estados-Membros em matéria de IVA não distorça a concorrência nem impeça a livre circulação de bens e serviços. A directiva prevê a possibilidade de os Estados-Membros isentarem de IVA certos serviços relacionados com o desporto, bem como a possibilidade de aplicarem taxas reduzidas nos casos em que essa isenção não seja aplicável.

> (38) Dada a importante função social do desporto e a sua sólida ancoragem a nível local, a Comissão defende que sejam mantidas as possibilidades existentes de aplicação de taxas reduzidas de IVA ao desporto.

4. A ORGANIZAÇÃO DO DESPORTO

O debate político sobre o desporto na Europa atribui frequentemente uma importância considerável ao chamado «Modelo Europeu do Desporto». A Comissão considera que certos valores e tradições do desporto europeu devem ser promovidos. Contudo, considera que, dada a diversidade e as complexidades das estruturas desportivas europeias, é irrealista tentar definir um modelo único de organização do desporto na Europa. Além disso, os desenvolvimentos económicos e sociais que são comuns à maioria dos Estados-Membros (aumento da comercialização, dificuldades em matéria de despesa pública, número crescente de participantes e estagnação do número de voluntários) resultaram em novos desafios para a organização do desporto na Europa. O surgimento de novas partes interessadas (participantes fora das disciplinas organizadas, clubes desportivos profissionais, etc.) está a levantar novos desafios à governança, à democracia e à representação de interesses no movimento desportivo.

A Comissão pode contribuir para incentivar a partilha das melhores práticas na governança do desporto. Pode igualmente intervir na definição de um conjunto de princípios comuns para a boa governança no desporto, tais como a transparência, a democracia, a responsabilidade e a representação das partes interessadas (associações, federações, jogadores, clubes, ligas, apoiantes, etc.). Nesse sentido, tomará como base o trabalho já anteriormente desenvolvido[7]. Há igualmente que prestar atenção à representação das mulheres nas posições de gestão e de liderança.

A Comissão reconhece a autonomia das organizações desportivas e das estruturas representativas do desporto (como as ligas). Além disso, reconhece que a responsabilidade da gestão incumbe principalmente aos organismos que tutelam o desporto e, em certa medida, aos Estados-Membros e aos parceiros sociais. Todavia, o diálogo com as organizações desportivas serviu para chamar a atenção da Comissão para alguns aspectos que serão abordados mais adiante. A Comissão considera que a maioria dos problemas podem ser resolvidos através da auto-regulação, desde que esta respeite os princípios da boa gestão e a legislação comunitária, estando pronta para funcionar como mediadora ou para tomar medidas, se tal for necessário.

4.1 A especificidade do desporto

A actividade desportiva está sujeita à aplicação do direito comunitário, tal como se descreve em pormenor no documento de trabalho dos serviços da Comissão e respectivos anexos. O direito da concorrência e as disposições em matéria de mercado interno aplicam-se ao desporto na medida em que este constitui uma actividade económica. O desporto está igualmente sujeito a outros aspectos importantes da legislação comunitária, como a proibição de discriminação por motivos de nacionalidade, as disposições relativas à cidadania da União e a igualdade entre homens e mulheres em matéria de emprego

Ao mesmo tempo, o desporto tem certas características específicas. A especificidade do desporto europeu pode ser examinada de duas perspectivas:

- A especificidade das actividades desportivas e das regras desportivas, como as competições separadas para homens e mulheres, a limitação do número de participantes nas competições, ou ainda a necessidade de garantir a incerteza dos resultados e de preservar

---

[7] Por exemplo, a conferência «*Rules of the Game*» (regras do jogo), organizada em 2001 pela FIA e pela EOC, bem como o Estudo Independente sobre o Desporto Europeu, levado a cabo em 2006.

um equilíbrio competitivo entre os clubes que participam nas mesmas competições;
- A especificidade das estruturas desportivas, nomeadamente a autonomia e a diversidade das organizações desportivas, a estrutura piramidal das competições – desde o desporto de base até ao desporto de alto nível –, os mecanismos de solidariedade organizados entre diferentes níveis e operadores, a organização do desporto numa base nacional e o princípio de uma única federação por modalidade desportiva;

A jurisprudência dos tribunais europeus e as decisões da Comissão Europeia provam que a especificidade do desporto tem sido reconhecida e tida em conta e fornecem orientações para a aplicação da legislação comunitária ao desporto. Em conformidade com a jurisprudência estabelecida, a especificidade do desporto continuará a ser reconhecida, mas não pode ser interpretada de forma a justificar uma isenção geral da aplicação da legislação comunitária.

Tal como se explica em pormenor no documento de trabalho dos serviços da Comissão e respectivos anexos, há regras organizacionais em matéria de desporto que – tendo em conta os seus objectivos legítimos – provavelmente não constituem uma violação das disposições *anti-trust* do Tratado CE, desde que os seus efeitos anticoncorrenciais, a existirem, sejam inerentes e proporcionais aos objectivos visados. Podem dar-se como exemplos as «regras do jogo» (regras que fixam a duração dos jogos ou o número de jogadores em campo, entre outras), as regras referentes aos critérios de selecção para as competições desportivas, as regras aplicáveis «em casa e fora de casa», as regras que impedem que uma mesma entidade possa deter mais do que um dos clubes em competição, as regras relativas à composição das equipas nacionais, as regras antidopagem e as regras que dizem respeito aos períodos de transferência.

Todavia, no que diz respeito aos aspectos legislativos do desporto, a avaliação da compatibilidade de uma determinada regra desportiva com o direito comunitário da concorrência apenas pode ser feita caso a caso, tal como foi recentemente confirmado pelo Tribunal de Justiça Europeu no acórdão Meca-Medina[8]. O tribunal prestou um esclarecimento em

---

[8] Processo C-519/04P, *Meca Medina v. Comissão*, Colectânea da Jurisprudência do Tribunal I-6991, 2006. Para mais pormenores, ver o documento de trabalho dos serviços da Comissão.

relação ao impacto da legislação comunitária nas regras desportivas. Considerou a noção de «regra puramente desportiva» como irrelevante para a questão da aplicabilidade das regras comunitárias da concorrência ao sector do desporto.

O tribunal reconheceu que há que ter em conta a especificidade do desporto, no sentido de que os efeitos restritivos sobre a concorrência que são inerentes à organização e ao bom desenrolar do desporto de competição não violam as regras comunitárias da concorrência, desde que estes efeitos sejam proporcionais ao genuíno e legítimo interesse desportivo prosseguido. A necessidade de um teste de proporcionalidade implica que há que ter em conta as características individuais de cada caso e não contempla a formulação de orientações gerais para a aplicação do direito da concorrência ao sector do desporto.

4.2 Livre circulação e nacionalidade

A organização do desporto e de competições desportivas a nível nacional faz parte da bagagem histórica e cultural com que a Europa aborda o desporto e traduz os desejos dos cidadãos europeus. As equipas nacionais, em particular, desempenham um papel essencial no que diz respeito não apenas à identidade, mas também à garantia de solidariedade com o desporto de base, pelo que merecem ser apoiadas.

A discriminação por motivos de nacionalidade está proibida pelos Tratados, que consagram o direito de todos os cidadãos da União a circular e a residir livremente no território dos Estados-Membros. Os Tratados visam igualmente abolir qualquer discriminação baseada na nacionalidade entre trabalhadores dos diferentes Estados-Membros em matéria de emprego, remuneração e outras condições de trabalho e de emprego. As mesmas proibições aplicam-se à discriminação baseada na nacionalidade no que diz respeito à prestação de serviços. Além disso, a pertença a um clube desportivo e a participação em competições são factores relevantes para a promoção da integração dos residentes na sociedade do país de acolhimento.

A igualdade de tratamento abrange igualmente os cidadãos de Estados que tenham assinado com a UE acordos contendo cláusulas de não discriminação, e que trabalhem legalmente no território dos Estados-Membros.

> (39) A Comissão insta os Estados-Membros e as organizações desportivas a debruçar-se sobre o problema da discriminação baseada na nacionalidade em todos os desportos e pretende combater a discriminação no desporto através de um diálogo político com os Estados-Membros, de recomendações, do diálogo estruturado com as partes interessadas e de processos de infracção, quando tal for necessário.

A Comissão reafirma a sua aceitação de restrições limitadas e proporcionais (em conformidade com as disposições do Tratado UE sobre a livre circulação e com a jurisprudência do Tribunal de Justiça Europeu) ao princípio da livre circulação, em particular no que respeita:

- ao direito de seleccionar atletas nacionais para as competições entre equipas nacionais;
- à necessidade de limitar o número de participantes numa competição;
- à fixação de prazos para as transferências de jogadores nos desportos de equipa.

> (40) No que respeita ao acesso dos não nacionais às competições individuais, a Comissão pretende lançar um estudo para analisar todos os aspectos desta complexa questão.

4.3 Transferências

Na ausência de regras nesta matéria, a integridade das competições desportivas pode ser posta em causa se os clubes recrutarem jogadores durante uma determinada época para dominarem os adversários. Ao mesmo tempo, qualquer regra relativa à transferência de jogadores deve respeitar o direito comunitário (as disposições em matéria de concorrência e as regras relativas à livre circulação dos trabalhadores).

Em 2001, no contexto de um processo relativo a alegadas infracções das regras comunitárias da concorrência e após discussões com a Comissão, as autoridades do futebol decidiram rever os regulamentos da FIFA em matéria de transferências internacionais de jogadores, para neles introduzirem disposições prevendo compensações pelos custos de formação suportados pelos clubes desportivos, o estabelecimento de períodos de transferência, a protecção da educação escolar dos desportistas menores de idade e a garantia de acesso aos tribunais nacionais.

A Comissão considera que este sistema constitui um exemplo de boas práticas, pois assegura o equilíbrio concorrencial entre os clubes desportivos, tendo ao mesmo tempo em conta as exigências do direito comunitário.

A transferência de jogadores levanta igualmente preocupações quanto à legalidade dos fluxos financeiros envolvidos. Para melhorar a transparência dos fluxos de dinheiro relacionados com as transferências, uma solução eficaz poderia ser a criação de um sistema de informação e verificação das transferências. A Comissão considera que tal sistema apenas deve ter uma função de controlo; as transacções financeiras devem ser realizadas directamente entre as partes envolvidas. Dependendo do desporto em causa, o sistema poderia ser gerido pela organização desportiva europeia competente ou por sistemas nacionais de informação e verificação

4.4 Agentes dos jogadores

O desenvolvimento de um mercado verdadeiramente europeu dos jogadores e o aumento do nível salarial destes nalguns desportos resultou num aumento das actividades dos respectivos agentes. Num contexto jurídico cada vez mais complexo, muitos jogadores (mas também clubes desportivos) solicitam os serviços de agentes para negociar e assinar contratos.

Há relatos de más práticas nas actividades de alguns agentes, que resultaram em casos de corrupção, branqueamento de capitais e exploração de jogadores menores de idade. Estas práticas são prejudiciais para o desporto em geral e levantam sérias preocupações de governança. É imperativo proteger a saúde e a segurança dos jogadores, particularmente dos menores, e combater as actividades criminosas.

Além disso, os agentes estão sujeitos a diferentes regulamentações nos vários Estados-Membros. Alguns Estados-Membros introduziram legislação específica sobre os agentes dos jogadores, ao passo que noutros estes estão sujeitos à legislação geral em matéria de agências de emprego, mas com referências específicas aos agentes dos jogadores. Além do mais, algumas federações internacionais (FIFA, FIBA) introduziram os seus próprios regulamentos.

Por estas razões, a UE foi repetidamente instada a regular a actividade dos agentes dos jogadores através de uma iniciativa legislativa própria.

> (41) A Comissão irá levar a efeito uma avaliação do impacto para apresentar um panorama claro das actividades dos agentes dos jogadores na UE, bem como uma análise da eventual necessidade de acção comunitária, na qual estudará igualmente as várias opções possíveis

4.5 Protecção dos menores

Continua a verificar-se a exploração dos jogadores mais jovens. O problema mais grave diz respeito às crianças que não são seleccionadas para as competições e que são abandonadas num país estrangeiro, o que frequentemente as coloca numa situação de irregularidade que favorece ainda mais a sua exploração. Embora este fenómeno, na maioria dos casos, não se inscreva na definição legal de tráfico de seres humanos, é inaceitável à luz dos valores fundamentais reconhecidos pela UE e pelos seus Estados-Membros. É igualmente contrário aos valores do desporto. Há que aplicar com rigor as medidas de protecção dos menores não acompanhados previstas na legislação dos Estados-Membros em matéria de imigração. O abuso e o assédio sexuais de menores no desporto têm igualmente de ser combatidos

> (42) A Comissão irá continuar a fiscalizar a aplicação da legislação comunitária, em particular a Directiva relativa à protecção dos jovens no trabalho. A Comissão lançou recentemente um estudo sobre o trabalho infantil, em complemento da fiscalização da aplicação desta directiva. A questão dos jovens jogadores abrangidos pelo âmbito de aplicação da directiva será tida em conta no estudo.
>
> (43) A Comissão irá propor aos Estados-Membros e às organizações desportivas que cooperem com vista à protecção da integridade moral e física dos jovens, através da divulgação de informação sobre a legislação em vigor, da fixação de normas mínimas e da troca das melhores práticas.

4.6 Corrupção, branqueamento de capitais e outras formas de crime financeiro

A corrupção, o branqueamento de capitais e as outras formas de crime financeiro estão a afectar o desporto a nível local, nacional e internacional. Dado o elevado grau de internacionalização do sector, a corrupção no sector do desporto apresenta frequentemente aspectos transfronteiriços. Os problemas de corrupção com uma dimensão europeia precisam de ser resolvidos a nível europeu. Os mecanismos comunitários de combate ao branqueamento de capitais devem ser, também no sector do desporto, eficazmente aplicados.

> (44) A Comissão apoiará as parcerias público-privadas representativas dos interesses do desporto e das autoridades de luta contra a corrupção, com vista a identificar as condições propícias à corrupção no sector do desporto, e contribuirá para a elaboração de estratégias preventivas e repressivas eficazes no combate a este fenómeno.
>
> (45) A Comissão irá continuará a fiscalizar a aplicação, nos Estados-Membros, da legislação comunitária em matéria de branqueamento de capitais no sector do desporto.

4.7 Sistemas de licenciamento dos clubes

A Comissão reconhece a utilidade da existência de sistemas sólidos de licenciamento dos clubes profissionais a nível europeu e nacional para promover a boa governança no desporto. Estes sistemas visam geralmente garantir que todos os clubes respeitem as mesmas regras básicas de gestão financeira e transparência, mas poderiam também incluir disposições relativas à discriminação, à violência, à protecção de menores e à formação. Tais sistemas devem ser compatíveis com as regras comunitárias da concorrência e do mercado interno e não podem exceder o que é necessário para a prossecução de objectivos legítimos relativos à boa organização e ao correcto desenrolar das actividades desportivas.

Há que concentrar os esforços na implementação e no reforço gradual dos sistemas de licenciamento. No caso do futebol, no qual um sistema de licenciamento será em breve obrigatório para os clubes que participam em competições europeias, devem ser tomadas medidas para promover e incentivar a utilização destes sistemas a nível nacional.

(46) A Comissão irá promover o diálogo com as organizações desportivas, a fim de abordar a questão da implementação e do reforço dos sistemas auto-reguladores de licenciamento.

(47) Começando com o futebol, a Comissão pretende organizar uma conferência com a UEFA, a EPFL, a Fifpro, as associações nacionais e as ligas nacionais, a qual terá como tema os sistemas de licenciamento e as melhores práticas neste domínio.

4.8 Meios de comunicação social

As questões relativas à relação entre o sector do desporto e a imprensa desportiva (em especial a televisão) tornaram-se cruciais, pois os direitos de transmissão televisiva são a principal fonte de receitas do desporto profissional na Europa. Ao mesmo tempo, os direitos de transmissão dos eventos desportivos constituem uma fonte de conteúdo determinante para muitos operadores dos meios de comunicação social.

O desporto tem sido a força motriz do surgimento de novos meios de comunicação social e serviços de televisão interactiva. A Comissão continuará a pugnar pelo direito à informação e pelo acesso alargado dos cidadãos à difusão de eventos desportivos que sejam considerados como de grande interesse ou importância para a sociedade.

A aplicação das disposições do Tratado CE em matéria de concorrência à venda dos direitos de transmissão de eventos desportivos tem em conta algumas características específicas deste domínio. Os direitos de transmissão audiovisual de eventos desportivos são por vezes vendidos colectivamente por uma associação desportiva em nome dos diversos clubes que a compõem (por oposição aos clubes que comercializam os direitos de forma individual). Apesar de a venda conjunta dos direitos de transmissão levantar preocupações em matéria de concorrência, a Comissão aceita-a em certas condições. A venda colectiva pode ser importante para a redistribuição das receitas, podendo por isso servir para obter uma maior solidariedade no desporto.

A Comissão reconhece a importância de uma redistribuição equitativa das receitas entre os clubes, incluindo os mais pequenos, e entre o desporto profissional e o desporto amador.

> (48) A Comissão recomenda às organizações desportivas que prestem a devida atenção à criação e à manutenção de mecanismos de solidariedade. No domínio dos direitos de transmissão audiovisual dos eventos desportivos, esses mecanismos podem revestir a forma de um sistema de venda colectiva desses direitos ou, em alternativa, de um sistema de venda individual pelos clubes, estando ligados, em ambos os casos, a um sólido mecanismo de solidariedade.

5. SEGUIMENTO

A Comissão irá acompanhar as iniciativas apresentadas neste Livro Branco através de um diálogo estruturado com as partes interessadas no sector do desporto, da cooperação com os Estados-Membros e da promoção do diálogo social neste domínio.

5.1 Diálogo estruturado

O desporto europeu caracteriza-se por uma panóplia de estruturas complexas e diversas com diferentes tipos de estatuto jurídico e diferentes graus de autonomia nos Estados-Membros. Ao contrário de outros sectores, e devido à natureza do desporto organizado, as estruturas desportivas europeias estão, em geral, menos bem desenvolvidas do que as suas equivalentes nacionais e internacionais. Além disso, o desporto europeu está, de modo geral, organizado de acordo com estruturas do continente europeu e não da UE.

As partes interessadas são consensuais quanto à importância do papel a desempenhar pela Comissão no debate europeu sobre o desporto, para o qual esta instituição deverá contribuir com a criação de uma plataforma de diálogo com os intervenientes do sector. Em conformidade com os Tratados, um dos deveres da Comissão consiste em consultar, de forma alargada, as «partes interessadas».

Tendo em conta a complexidade e a diversidade da cultura desportiva na Europa, a Comissão pretende envolver, designadamente, os seguintes actores no diálogo estruturado:

- as federações desportivas europeias;
- as organizações desportivas europeias de coordenação, nomeadamente os comités olímpicos europeus, o Comité Paralímpico Europeu (CPE) e as ONG (organizações não governamentais) desportivas europeias;
- as organizações coordenadoras do desporto a nível nacional e os comités olímpicos e paralímpicos nacionais;
- os outros actores no domínio do desporto representados a nível europeu, incluindo os parceiros sociais;
- outras organizações europeias e internacionais, em particular as estruturas do Conselho da Europa responsáveis pelo desporto e organismos da ONU, como a UNESCO e a OMS

---

(49) A Comissão pretende organizar o diálogo estruturado da seguinte maneira:

- Fórum do desporto da UE: uma reunião anual de todas as partes interessadas do sector do desporto;
- Discussões temáticas com um número limitado de participantes

(50) A Comissão procurará igualmente promover uma maior visibilidade da Europa nos eventos desportivos e apoiará o desenvolvimento da iniciativa Capitais Europeias do Desporto

---

5.2 Cooperação com os Estados-Membros

Os Estados-Membros cooperam em matéria de desporto a nível comunitário através de reuniões ministeriais informais, bem como, a nível administrativo, através dos responsáveis pelo desporto nos ministérios nacionais. Em 2004, os ministros do Desporto da UE adoptaram uma Agenda Contínua com o objectivo de definir os temas a abordar em prioridade nos debates sobre desporto entre os Estados-Membros.

---

(51) A fim de resolver os problemas mencionados no presente Livro Branco, a Comissão propõe o reforço da cooperação existente entre os Estados-Membros e a própria Comissão.

Com base numa proposta da Comissão, os Estados-Membros poderão desejar reforçar o mecanismo da Agenda Contínua, mediante, por exemplo:

- a definição conjunta de prioridades para a cooperação política em matéria de desporto;
- a comunicação regular dos progressos alcançados aos ministros do Desporto da UE

O estreitamento da cooperação implica a organização periódica, em cada Presidência, de reuniões dos ministros do Desporto e dos responsáveis nacionais pelo desporto, que devem ser tidas em conta pelas futuras equipas de três presidências.

> (52) A Comissão irá apresentar relatórios sobre a implementação do Plano de Acção Pierre de Coubertin por intermédio do mecanismo da Agenda Contínua

5.3 Diálogo social

Dada a existência de um número cada vez maior de desafios à governança do desporto, o diálogo social a nível europeu pode contribuir para responder às preocupações comuns de empregadores e atletas, inclusivamente mediante acordos sobre as relações laborais e as condições de trabalho no sector, em conformidade com as disposições do Tratado CE.

A Comissão tem vindo a apoiar projectos de consolidação do diálogo social no sector do desporto em geral e no do futebol em particular

Estes projectos criaram uma base para o diálogo social à escala europeia e para a consolidação das organizações de nível europeu. A Comissão pode criar um Comité Sectorial do Diálogo Social com base num pedido conjunto dos parceiros sociais. A Comissão considera que um diálogo social europeu no sector do desporto ou nos seus subsectores (por exemplo, o futebol) é um instrumento susceptível de permitir aos parceiros sociais contribuir, de forma activa e participativa, para moldar as relações laborais e as condições de trabalho. O diálogo social poderia igualmente dar origem à elaboração conjunta de códigos de conduta ou de «cartas» susceptíveis de abordar questões relacionadas com a formação, as condições de trabalho ou a protecção dos jovens.

> (53) A Comissão encoraja e acolhe com agrado todos os esforços no sentido da criação de comités europeus de diálogo social no sector do desporto e continua a apoiar tanto os empregadores como os trabalhadores e a prosseguir o diálogo aberto com todas as organizações desportivas em relação a esta questão.

Os auxílios que os Estados-Membros devem disponibilizar através do Fundo Social Europeu para o reforço das capacidades e para as acções conjuntas dos parceiros sociais nas regiões de convergência devem igualmente ser utilizados para o reforço das capacidades dos parceiros sociais no sector do desporto.

6. CONCLUSÃO

O Livro Branco contém um certo número de acções que deverão ser implementadas ou apoiadas pela Comissão. Em conjunto, estas acções formam o Plano de Acção Pierre de Coubertin, que irá orientar a Comissão nas suas actividades relacionadas com o desporto nos próximos anos.

O Livro Branco tira plenamente partido das possibilidades oferecidas pelos Tratados em vigor. O Conselho Europeu de Junho de 2007 definiu o mandato da Conferência Intergovernamental, que prevê a introdução no Tratado de uma disposição sobre o desporto. Se necessário, a Comissão pode voltar a esta questão e indicar outras medidas a tomar no contexto da nova disposição do Tratado.

A Comissão irá organizar uma conferência para apresentar o Livro Branco às partes interessadas no desporto no Outono de 2007; os resultados serão apresentados aos ministros do desporto da UE até ao final de 2007. O Livro Branco será igualmente apresentado ao Parlamento Europeu, ao Comité das Regiões e ao Comité Económico e Social Europeu.

ÍNDICE

Nota de Abertura	5
Fiscalidade do Desporto *Glória Teixeira*	7
Regime Fiscal dos Clubes Desportivos de Utilidade Pública *João Paulo Guimarães*	15
"O Perfil do Gestor Desportivo" *José Pedro Sarmento de Rebocho Lopes*	39
A Tributação do Rendimento dos Praticantes Desportivos *Maria Luísa Sacadura*	51
O Regime Jurídico do Desporto Profissional *Maria José Carvalho*	63
As Taxas de IVA e a prática de actividades desportivas *Neusa Alexandra Liquito*	85

ANEXOS:

– Lei de Bases da Actividade Física e do Desporto (Lei n.º 5/2007)	93
– Livro Branco Sobre o Desporto (Comissão das Comunidades Europeias)	117